부부는
하나님의 선물입니다

부부는 하나님의 선물입니다

저자 김병태

초판 1쇄 발행 2019. 4. 4.
개정판 1쇄 발행 2022. 5. 20.
개정판 3쇄 발행 2025. 2. 13.

발행처 도서출판 브니엘
발행인 권혁선

책임교정 조은경
책임영업 기태운
책임편집 브니엘 디자인실

등록번호 서울 제2006-50호
등록일자 2006. 9. 11.

서울특별시 송파구 백제고분로28길 25 B101호 (05590)
마케팅부 02)421-3436
편 집 부 02)421-3487
팩시밀리 02)421-3438

ISBN 979-11-90308-74-8 03230

독자의견 02)421-3487
이 메 일 editorkhs@empal.com

북카페 주소 cafe.naver.com/penielpub.cafe
인스타그램 @peniel_books

도서출판 브니엘은 독자들의 원고를 설레는 마음으로 기다리고 있습니다.
위의 이메일로 간단한 기획 내용 및 원고, 연락처 등을 보내주십시오.

도서출판 브니엘은 갓구운 빵처럼 항상 신선한 책만을 고집합니다.

다름을 조화로 만드는 부부생활의 12가지 지혜

부부는
하나님의 선물입니다

김병태 | 지음

부부는 하나님의 선물이다

하나님이 주신 소중한 선물인 아내와 결혼한 지 몇 주가 지난 어느 금요일 초저녁, 친구 전도사가 찾아왔다. 그때 전도사 사례비가 38만 원이었다. 월세 18만 원을 내고, 십일조와 헌금, 공과금, 교통비 등을 제외하고 나면 3~4만 원 남았던 것으로 기억된다. 그 돈으로 한 달을 살아내야 했다. 지금 생각해보면 그때가 가장 스릴 있었던 시절이었다.

친구 전도사가 온 이유는 그가 담당하는 교회 청년회에서 준비한 봉투를 전달하기 위해서였다. 청년회에서 모은 돈이 있었는데 그것을 어려운 전도사인 나에게 주기로 결정한 것이었다. 너무 절친한 친구이기에 아내도 잘 알고 있었다.

우리는 밥을 먹고 간식을 나누면서 이런저런 대화를 했다. 무슨 대화가 오갔는지는 기억에 남지 않는다. 그런데 내가 아내에게 던진 한마디가 잊히지 않는다.

"결혼할 때 당신이 해 온 건 뭔데?"

그 말을 듣는 순간, 아내는 눈물만 주르르 흘릴 뿐 아무 말도 하지 않았다. '아차, 내가 큰 실수를 했구나.' 그러나 이미 때는 늦었다. 상황이 그 정도 되다 보니 친구 전도사는 집으로 돌아갔다. 아내도 밖으로 나가더니 들어오지 않았다. 집 주변을 돌면서 아내를 찾았지만 찾을 수가 없었다. 시간이 되어 혼자서 금요합심기도회를 갔다. 기도가 나올 리 없었다. 허둥지둥 집으로 와 보니 아내가 있었다.

"여보, 내가 정말 미안했어. 하지 말아야 할 말을 해서 당신을 너무 아프게 한 것 미안해. 용서해줘."

그러나 이미 받은 깊은 상처가 쉽게 풀어질 리 없다. 아마 그 후유증이 얼마 동안은 갔을 것이다. 그때 깨달았다. '아~ 결혼했다고 해서 그저 행복한 동행을 할 수 있는 게 아니구나.' 그때의 실수와 아픈 기억이 우리 부부의 결혼생활에 좋은 보약이 되었다.

부부는 하나님이 주신 가장 소중한 선물 중에 하나이다. 그런데 인생의 보물과도 같은 소중한 존재를 잘 관리하지 못하는 경우가 많다. 함부로 다루고 거칠게 다뤄서 상처 입히고 깨지게 만드는 경우가 허다하다. 나 또한 하나님이 주신 소중한 선물을 잘 다루는 지혜와 기술을 갖지 못한 채 결혼했었다.

나는 대학시절을 홀로되신 형수님 밑에서 조카 둘을 기르면서 지냈다. 그때 습관화된 게 있다. 집안 청소를 할 때 먼저 먼지떨이로 털고 나서 빗자루로 쓴 다음, 걸레로 닦곤 했다. 이게 청소의 정석이라고 믿어왔다. 결혼해서 보니 아내는 달랐다. 빗자루로 쓰~윽~ 쓸더니 이불을 펴는 게 아닌가! '어~ 이건 아닌데. 이러면 이불이 더러워지지.' 그래서 아내에게 내 방식을 요구했지만 아내는 따라주지 않았다.

몇 차례 요구해도 안 되다 보니 내가 걸레를 들고 닦기 시작했다. 하지만 걸레질을 하는 나의 심기가 편할 리 없었다. 치워야 할 물건이 있는데도 걸레로 휙 밀어버렸다. 그 광경을 지켜보는 아내의 기분 또한 좋을 리 만무했다. 말은 하지 않았지만 매우 나빴으리라.

어느 순간 나에게 깨달음이 있었다. '아~ 부부가 이렇게 서로 다르구나. 서로 맞추고 조율하지 않으면 행복한 동행을 하기가 어렵겠구나.' 그때부터 다름을 조화로 만드는 기술을 익혀갔다.

나는 완벽주의 기질을 가지고 있다. DISK 성격 유형검사를 하면 신중형, 안전형이다. 그런데 아내는 나와 비교하면 치밀하고 세심한 성향은 아니다. 사교형, 주도형이다. 그러니 생활방식이나 사고방식이 너무 달랐다.

결혼하고 몇 년 후에 아내는 침대를 사고 싶어 했다. 나는 침대를 싫어했다. "침대를 사용하면 세균도 많고, 청소도 제대로 못하기 때문에 건강에도 좋지 않아." 어쩌면 가난한 살림에 돈 걱정이 앞선

것을 핑계 삼은지도 모르겠다. 그러나 결국 아내의 주장대로 침대를 구입했다. 침대를 사용하고 보니 너무 편했다.

어느 순간부터인가 내 생각에도 많은 변화가 생겼다. '청소를 제대로 하지 못해서 조금 지저분하면 어때. 그게 그렇게 중요한 건 아닌데.' 그때부터 하나님이 주신 소중한 선물인 아내와 함께 살아가는 기술, 주어진 상황과 환경에 적응하는 능력이 배양되었다.

그렇게 출발한 동행의 세월이 벌써 32년째다. 세 아이는 다 컸다. 이젠 의견 충돌로 얼굴 붉히는 일도 거의 없다. 서로의 필요가 무엇인지 쉽게 알 수 있다. 웬만한 건 이해하고 눈감아줄 수 있다. 서로의 있는 모습 그대로를 인정하고 받아들일 수 있는 마음과 생각의 수용력도 길러졌다. 행복한 동행의 지식과 기술을 습득했기 때문이다.

결혼을 준비하는 젊은이들에게 이 책을 꼭 권하고 싶다. 나는 결혼이 무엇인지도, 어떻게 살아야 하는지도 배울 기회가 없었다. '진작 결혼에 대한 준비를 좀 할 수 있었으면 얼마나 좋았을까?' 하는 생각을 많이 했다. 그래서 청년들이 이 책을 통해 결혼생활을 미리 선행 학습하고 간접 경험하도록 권하고 싶다.

달콤한 신혼의 로망에 젖어 있는 신혼부부들에게 이 책을 꼭 권하고 싶다. 만약 당신 부부가 이 책을 읽고 출발한다면 하나님이 소중한 선물로 주신 배우자와 더 빨리 행복한 동행을 할 수 있을 것이다. 아무리 장수시대라고 하지만 부부가 함께 동행할 세월은 그렇게 길지 않다. 죽음 앞에 서는 많은 부부가 고백하는 말이 있다.

"왜 날 두고 이렇게 빨리 갔어."

때로는 가정법원을 찾고 싶은 마음이 일어날 정도로 흔들리는 부부가 있다면 이 책을 읽고 서로 대화를 나누도록 권하고 싶다. 은혜롭게 살아갈 수 있는 행복한 동행의 비결을 경험한 삶을 통해 나누고 있으니까. 반드시 불행한 동행에 마침표를 찍고 행복한 동행으로 나아가도록 도와줄 것이다.

이 책은 학문적이고 이론적인 교과서가 아니다. 부부생활의 실제를 다룬 이야기다. 부부 행복학을 망라할 수 있는 지식과 이론을 기반으로 한 책이다. 그렇기에 하나님이 주신 소중한 선물인 배우자와 더 나은 행복을 만들어가길 원하는 이들에게 꼭 권하고 싶다. 이 책을 통해 흔들리는 부부와 가정들이 세워지는 많은 간증이 일어나기를 소망하고 기도해본다.

행복한 동행을 일구어가는
글쓴이 김병태

C·O·N·T·E·N·T·S
차 례

프롤로그 : 부부는 하나님의 선물이다   005

01 사랑의 기술을 배우라   017

       따뜻한 마음으로 사랑하라
       마음을 표현하며 살라
       아름답게 말하라
       배우자의 기분을 헤아리라
       배우자가 원하는 것을 해주라

02 포기할 줄 아는 지혜를 가지라   037

       탓하는 버릇을 버리라
       다른 사람과 비교하지 말라
       의견을 말하되 잔소리하지 말라
       욕심을 버리고 만족하며 살라
       배우자를 괴롭히지 말라

03 서로 통하는 비결을 익히라   057

소통의 문을 열라
경청으로 소통하라
서로를 알면 소통한다
만족스러운 성생활로 소통하라
감동으로 소통의 문을 열라

04 따뜻한 감성을 계발하라   077

말할 때 배우자의 마음을 배려하라
매 순간을 감사하며 살라
사랑으로 서로 격려하라
희생으로 행복을 일구라
친절로 배우자를 감동시키라

05 갈등을 넘어 조화를 창조하라   097

자존심을 건드리지 말라
힘들어도 조금만 참으라
틀린 게 아니라 다른 것뿐이다
상처를 주지 않게 지혜롭게 싸우라
배우자를 위한 보약을 준비하라

06 배우자가 원하는 사람이 되라   117

배우자를 위해 시간을 내주라
서로 아끼면서 살라
서로에게 꼭 필요한 사람이 되라
상대의 마음을 움직이라
돈이 아닌 사랑을 좇으라

07 함께 걷는 여유를 가지라　　　141

　　부부간의 신뢰를 지키라
　　잊을 것은 잊고 살자
　　소크라테스의 여유를 가지라
　　함께 나눌 거리를 만들라
　　항상 배우자에게 감사하라

08 유능한 파트너십을 기르라　　　161

　　폭풍우는 일단 피하고 보라
　　가정의 평화가 최우선이다
　　조금씩 서로 아끼며 살라
　　배우자를 귀엽게 봐주라
　　배우자의 건강을 지켜주라

09 베스트 프렌드가 되어주라   179

환상이 현실이 되게 하라
문제 삼으려 하지 말라
사랑한다고 고백하라
동행의 기쁨을 누리라
이기는 싸움을 하라

10 환경을 다스리는 지혜를 가지라   199

순간적인 감정에 휘둘리지 말라
먼저 자신을 통제하라
지나친 기대는 하지 말라
주도권 싸움에 목숨 걸지 말라
자신의 즐거움을 반납하라

11 더 나은 삶을 준비하라   223

소통의 창문을 열라

행복한 분위기를 만들라

자신을 바꿈으로써 행복을 만들라

홀로서기를 준비하라

배우자에게 맞장구 쳐주라

12 희망을 노래하며 같은 곳을 바라보라   245

곁에 있을 때 잘하라

말보다 행동으로 보여주라

미래를 내다보며 살라

사랑의 묘약을 지으라

행복한 추억을 선물하라

특별수록 : 행복한 가정을 위한 축복 기도문   271

C·H·A·P·T·E·R·01

—

사랑의 기술을
배우라

어느 해 결혼기념일이었다. '토요일에 꽃다발을 주문할까?' 그러다가 생각했다. '괜스레 해주고 혼날 수도 있을 거야.' 그래서 아내와 식사나 하려고 마음먹었다. 주일 저녁에 아내에게 물었다.

"당신 뭐 먹고 싶나? 맛있는 거 사줄게."

"낙지마을에서 낙지 먹고 싶어."

"뭐? 맛있는 거 먹지."

"지난 번에 먹었는데 그게 맛있어."

"그래? 그럼 그렇게 하지 뭐. 어머님과 아버님도 함께 식사하러 가자."

그런데 월요일 오전, 임플란트에 문제가 생겨 아침 9시 30분에 치과에 들렀다가 바로 처가로 갔다. 어머님이 김치가 맛있다고 해서 김치를 가지고 갔다. 연세 드신 어른들이 사는지라 집이 너무 지저

분해서 집 안 청소를 했다. 그리고 봉천동에 있는 낙지마을에 가서 점심을 맛있게 먹었다. 기분이 좋은지 아버님이 말씀하셨다.

"낙지를 먹으니까 옛날 목포에 가서 낙지 먹던 생각이 나네."

"아버님의 옛 추억을 생각나게 했네요. 다행이에요. 즐거운 시간이어서."

식사 후에 우리 부부는 마트에 들러 볼일을 보고 집으로 왔다. 그리고 아내에게 말했다.

"사실 오늘 꽃 배달을 시키려다가 당신한테 혼날까 봐 안 했어."

그러자 아내가 말했다.

"잘했어. 낭비되게 꽃을 왜 사. 하려면 화분을 사야지."

"화분이랑 꽃다발이랑 기분이 다르지."

두 딸은 외국에 나가 있고, 아들은 공부하겠다고 해서 학교 옆에서 자취를 했다. 그해 결혼기념일에는 아이들 중 한 명에게도 연락이 없었다.

"딸들이 외국에 있으니까 연락도 없네. 그러니 외국을 보낼게 아니야."

"뭐 어때. 자기들 잘 지내면 되는 거지."

"그래도 난 아니야. 가족이란 게 뭐야? 얼굴 한 번 더 보는 행복, 함께 축하해주는 행복이 좋은 거 아니야?"

"그런 기대 버려. 이제 우리 품을 떠났어."

"이놈의 아들은 뭐야? 가까이 있는데도 전화 한 통 없고."

그해 결혼기념일은 그렇게 지나갔다. 그래도 우리 부부에게는 따뜻하고 행복한 시간이었다.

사랑과 행복은 만들어가는 것이다. 행복한 부부로 살아가려면 사랑을 만드는 지식과 기술을 익혀야 한다. 의외로 사랑과 행복은 작은 것에서 찾아온다. 마음과 관심이 담긴 작은 선물과 배려에서부터.

따뜻한 마음으로
사랑하라

서로 사랑하는 남녀가 있었다. 남자는 사랑하는 여자를 남겨두고 월남전에 참전하게 되었다. 여자는 그가 무사히 돌아오기만을 손꼽아 기다렸다. 그러나 남자는 전쟁에서 양팔을 잃는 큰 부상을 당했다. 그런 모습으로는 차마 사랑하는 여자를 찾아갈 수가 없었다. 그래서 결심했다. "이런 모습으로 그녀를 힘들게 하느니 차라리 이 세상에 없는 사람이 되자." 그는 여자에게 자신이 전사했다는 편지를 보냈다.

몇 년이 지났다. 남자는 사랑하는 그녀를 잊을 수가 없었다. 그리운 마음에 멀리서나마 여자의 모습을 지켜보고 싶었다. 그래서 그녀의 집에 찾아가 몰래 담 너머로 집 안을 들여다보았다. 이게 웬일인가? 그녀는 양팔과 양다리가 없는 남자를 남편으로 맞아서 살고 있었다. 월남전에서 애인이 전사했다는 소식을 듣고 그를 생각하며 전쟁에서 양팔과 양다리를 잃은 남자를 남편으로 맞아들여 보살피고 있었던 것이다. 얼마나 숭고한 사랑인가? 오염된 사랑으로 가득 찬 이 시대에는 이런 사랑이 필요하다.

황금만능 풍조가 사람들의 마음을 병들게 한다. 돈이면 전부라고 생각한다. 부부 사이에도 돈으로 사랑을 계산하려고 한다. 돈만 가져다주면 사랑하는 것처럼 생각하고, 돈을 많이 못 벌어다주면 사랑하지 않는 것처럼 여긴다. 그래서 서글플 때가 많다.

자식 사랑을 돈으로 대신하려는 부모도 적지 않다. 직장에 다니느라 함께 놀아주지 못하는 미안함을 용돈을 주는 것으로 대신한다. 아이들은 그 돈을 가지고 PC방이나 노래방을 전전한다. 결국 돈으로 메워진 잘못된 사랑이 아이들을 망치고 있다.

사랑은 그런 게 아니다. 사랑은 돈이 아니다. 돈이 없으면 사랑이 변질되는 현실이지만 돈이 사랑은 아니다. 사랑은 마음에서 출발한다. 마음이 없는 사랑은 아무런 의미가 없다. 마음은 다른 사람에게 주고, 배우자에게는 미안한 마음에서 돈으로 대신하려는 사람들을 본다. 그러나 그건 행복한 삶이 아니다. 행복한 동행은 마음에서 나오는 진실하고 순수한 사랑이 있을 때 가능하다.

어느 지방 도시 기차역 대합실 식당으로 한 쌍의 노부부가 서로 부축하면서 들어왔다. 식당 안에는 3명 정도의 손님이 있었다. 노부부는 자리에 앉았다. 할아버지는 짐 보따리를 내려놓으면서 할머니에게 권했다.

"자, 임자도 어여 앉어!"

할머니는 무언가 초조한 기색으로 할아버지에게 물었다.

"아이가 마중 나온 댔쥬?"

"아, 그렇테니까! 걱정 말고 어여 앉어."

이들 노부부는 김밥 한 줄과 따뜻한 국물을 주문했다. 마침내 주문한 음식이 나왔다. 할아버지는 천천히 김밥을 먹기 시작했다. 그러나 할머니는 김밥에는 손도 대지 않은 채 뜨거운 국물만 호호 불어가면서 마셨다. 할머니는 사랑스러운 눈으로 할아버지를 바라보았다. 할아버지를 쳐다보는 할머니는 더 없이 행복한 표정이었다.

얼마쯤 지났을까. 할아버지가 김밥 접시를 할머니 쪽으로 슬그머니 밀어놓았다. 그러고는 자신의 입에서 틀니를 뽑았다. 할아버지는 뽑은 틀니를 냅킨으로 깨끗이 닦았다. 그리고 아내에게 건네주었다. 할머니는 그 틀니를 받아 자신의 입 속에 자연스럽게 끼웠다. 그러고는 남은 김밥을 맛있게 먹었다. 할머니가 김밥을 먹는 동안 할아버지도 아이처럼 천진한 눈으로 할머니를 쳐다보았다.

각자의 틀니를 살 돈이 없어서 서로 번갈아가면서 김밥을 먹어야했지만 노부부는 행복한 동행을 하고 있었다. 이런 사랑을 어떤 젊은 부부가 흉내라도 낼 수 있겠는가? 광야 같은 길을 걷는 동안 우리에게 정말로 필요한 것은 순수한 사랑이다. 하나님은 우리를 잠잠히 사랑하셨다. 이제 그 사랑을 옆에 있는 배우자에게 나눠주지 않겠는가? 그런 사랑을 소유할 수만 있다면 광야길이 외롭지만은 않을 것이다.

마음이 없는 사랑은 이미 사랑이 아니다. 아무리 멋진 선물을 준다 해도 그건 사랑이 아니다. 가짜 사랑이라는 옷을 입혔을 뿐이다. 마음으로부터 나오는 진실한 사랑은 그 어떤 것도 불행하게 만들 수 없다.

마음을
표현하며 살라

"여보, 고마워!" 어떤 부인이 25년 동안 부부로 함께 살았던 남편에게서 처음 들은 말이다. 그것도 시아주버니 장례식장에서! 다른 형제들은 "피곤하고 잠자리가 편치 않다"는 핑계를 둘러대며 집으로 갔다. 집에 가서 편히 자겠다는 것이다. 그래서 이들 부부만 장례식장에서 내리 사흘 동안 잠 못 자며 고생했다. 그 수고의 결과, 25년 동안 한 번도 듣지 못한 말을 듣게 된 것이다.

심리학자 감바 와타루는 자신의 저서 「그는 왜 모두가 좋아할까」에서 이렇게 말한다. "무뚝뚝한 표정, 우울한 표정, 화난 표정으로 있는 사람은 주변 분위기까지 어둡게 만든다. 자신이 인상을 찡그리고 있으면 상대도 똑같이 찡그린 표정으로 대응하기 마련이다."

배우자가 자신을 좋아하게 만들려면 인상부터 고쳐야 한다. "사랑해" "고마워" "감사해" "미안해" "당신이 최고야" 이 얼마나 듣기좋은 말인가? 그래서 나는 부부들에게 이런 말을 자주 표현하도록 시킨다. 배우자가 얼마나 듣고 싶어 하는 말인가? 그런데 사람들은 이 말을 너무 인색할 만큼 아낀다. 그렇게 어려운 일도 아닌데. 그렇다고 돈이 드는 것도 아닌데.

　이런 말을 하라고 하면 멋없는 경상도 남자들은 핑계를 둘러댄다. "경상도 사람들은 그런 말을 할 줄 몰라." 꼭 그래야만 하나? 나도 경상도 남자이다. 그런데 나는 아내와 아이들에게 이런 말을 자주 사용한다. 사랑이 울컥 솟아나게 하는 말을 왜 아끼는가? 용기와 격려가 되는 표현을 왜 절약하는가? 나는 설거지하는 아내의 엉덩이를 툭 치기도 하고, 새벽 기도를 다녀와서는 잠자고 있는 아이들 볼에 뽀뽀하기도 한다. 아이들이 집으로 들어오면 두 팔을 벌려 안는다. 사랑의 표현은 아낄 필요가 없다.

　어떤 이는 말한다. "우리가 1~2년 산 것도 아닌데 말로 꼭 표현해야하나? 마음으로 다 알지." 그러나 울리지 않는 종은 더 이상 종이 아니다. 표현되지 않은 사랑은 사랑이 아니다. 표현된 사랑은 더 큰 사랑과 감격을 낳는다. 오래된 애정도 말로 표현하지 않으면 알수 없다. 애정 표현이 인색할수록 마음도 굳어진다. 아무리 나이가들어도 자주 표현하고 살아야 행복하다.

　표현은 훈련이다. 처음에는 굉장히 멋쩍지만 자꾸 하다 보면 언젠가는 자연스럽게 느껴질 것이다. 처음부터 "나는 못해"라고 말하는 사람은 평생 그렇게 살 수밖에 없다. 그러나 '한번 해보자'라고 생각하는 사람은 날마다 새로운 변화를 경험하게 된다.

일본의 창가학회 명예회장인 이케다 다이사쿠는 자신의 저서 「신, 인간혁명—소생」에서 이런 말을 한다. "표현하지 않고서는 마음도, 정열도 전해지지 않는다. 행동으로, 대화로, 글자로 생각을 모두 표현해야 비로소 사람과의 유대도 생긴다." 깊은 유대관계는 그냥 생기는 게 아니다. 표현해야 한다. 우리가 사랑과 감사의 마음을 표현하는 방식은 다양하다. 자그마한 선물도 가능하다. 문자나 메일을 날려도 좋다. 점심 먹고 자그마한 카드에 사랑을 담은 편지라도 써보라. 그렇지 않으면 집으로 꽃바구니 하나 배달해보면 어떨까?

세상을 살아가면서 때론 절제의 미덕이 유익할 때도 많다. 그러나 따뜻한 마음은 자주 표현할수록 관계의 끈을 튼튼하게 한다. 그럴수록 서로의 소중함을 더 깊이 느낄 수 있기 때문에.

어떤 사람이 소중한 선배를 먼저 떠나보냈다. 그 상실감에 아파하다가 문득 남편 생각이 나서 남편에게 문자를 보냈다.

"우리 많이 표현하면서 살자. 서로에게, 주변사람들에게. 항상 고맙고 사랑해."

이윽고 남편으로부터 답이 왔다. 그 답변이 걸작이다.

"연말정산이야?ㅋ"

다른 사람을 행복하게 하는 표현을 아직까지 연말정산용으로 사용하고 있는가? 사랑을 실컷 표현하며 살아도 짧은 인생이다. 사랑하는 사람이 내 곁을 떠나고 나면 표현하고 싶어도 할 수가 없다. 사랑하는 이들이 내 곁에 남아 있는 이 순간, 마음껏 표현하며 살아가자.

아름답게
말하라

대화를 많이 나누는 부부들이 있다. 하지만 아름다운 대화를 나누는 부부는 드물다. 부부는 대화를 통해 서로 알아간다. 대화를 통해 자신의 생각을 전달할 수 있다. 대화를 통해 자신의 감정을 표현하기도 한다. 그런데 많은 부부가 대화를 시작했다가 싸움으로 끝을 맺는다.

어느 부부가 모처럼 나들이를 나갔다. 하지만 별스럽지 않은 일로 티격태격 다투고 마음만 상해서 집으로 돌아오고 있었다. 차 안은 침묵만이 흘렀다. 남편은 방향등도 켜지 않고 차선을 이리저리 바꾸며 신호도 무시했다. 그러자 뒤따라오던 트럭 기사가 버럭 고함을 지르며 지나갔다.

"야! 이 머저리, 병신, 바보, 얼간이, 쪼다야. 운전 똑바로 해!"

남편은 분을 삭이지 못해 얼굴이 더 붉으락푸르락했다. 그때 옆

좌석에 있던 아내가 남편에게 말했다.

"아는 사람이에요?"

"아니."

"그런데 당신에 대해 어쩜 그렇게 잘 알지?"

아내는 불난 집에 부채질을 했다.

남편은 복수할 기회를 찾았다. 마침 개가 지나가고 있었다. 남편
은 밖에 있는 개를 가리키며 말했다.

"어, 저기 당신 친척 지나가네. 반갑잖아. 가서 인사나 하지."

남편은 차를 개 앞에 세웠다. 그러자 아내가 차 문을 열고 나가
더니 개를 향해 공손히 인사했다.

"안녕하셨어요? 시아주버님!"

평소에 얼마나 속상한 게 많았으면 이런 식으로 말할까? 배우자
에 대한 불평과 불만이 가득한데 고운 말이 나올 수가 없다. 가슴을
콕 찌르는 말, 자존심을 건드리는 말만 한다. 그도 그럴 것이 아름다
운 마음이 담겨 있어야 아름답게 말하지 않겠는가? 꼴도 보기 싫은
데 어찌 좋은 말이 나오겠는가?

노부부가 오순도순 살고 있었다. 그러던 어느 날, 별일 아닌 일
로 심하게 말다툼을 했다. 화가 난 할머니는 말을 하지 않았다. 식사
때가 되었다. 할아버지에게 상을 차려주기는 했지만 한쪽에 앉아 말
없이 바느질만 했다. 할아버지가 식사를 다 마쳤다. 그러자 할머니
는 말없이 물만 떠다놓았다. 밥상을 사이에 두고 마주 앉아 도란도

란 이야기를 나누던 할머니가 한마디 말도 하지 않자, 할아버지는 가슴이 답답했다. 빨리 할머니의 침묵을 깨고 예전처럼 다정하게 지내고 싶었다. 고심하다가 방법을 찾아냈다.

할아버지는 불현듯 자리에서 일어나 옷장을 여기저기 뒤지기 시작했다. 서랍도 뒤지며 무엇인가를 열심히 찾았다. 할머니는 처음에는 못 본 척했다. 그런데 할아버지가 점점 더 옷장 속의 옷과 서랍 안의 물건들을 꺼내놓으며 방안을 어지럽히자 궁금해서 참을 수가 없었다. 그래서 퉁명스럽게 말문을 열었다.

"뭘 찾는데 그래요?"

그러자 할아버지가 빙그레 웃으며 대답했다.

"당신 목소리를 찾고 있었는데 이제야 찾았구려."

살다 보면 서로 마음이 맞지 않아 싸울 수도 있다. 서운한 마음에 입을 다물고 싶은 때도 있다. 그러나 그렇게 하지 않았으면 좋겠다. 말하기 싫어도 말문을 닫지 말아야 한다. 속에 있는 마음을 예쁘게 말해보라. 속상한데 어떻게 예쁘게 말을 하냐고? 그래야 행복하게 살 수 있으니까. 힘들어도 감정을 누르고 예쁘게 말해야 한다.

배우자가 입에 자물쇠를 채웠는가? 그렇다고 자신도 그렇게 하지는 말라. 그러면 행복이 멀리 도망간다. 조금 싫더라도 행복을 위해 배우자의 입을 열도록 노력하라. 그러기 위해서는 예쁘게 말해야 한다.

배우자의 기분을
헤아리라

　　부부가 행복하게 살아가려면 서로 돕는 자가 되어야
한다. 서로 돕고 살면 기분이 좋아진다. 사람이 기분 좋으면 무엇인
들 못해주랴! 그런 줄 알면서도 부부는 서로의 기분을 잘 맞춰주지
못한다. 자기 기분만 생각하고 상대방의 기분은 안중에도 없다. 배
우자의 기분을 조금만 헤아려줘도 행복할 텐데 그렇게 하지 못한다.
부부가 행복하게 동행하려면 서로의 기분을 살필 줄 알아야 한다.
서로의 기분을 생각하는 부부는 서로의 역할을 도와줄 줄 안다.

　결혼하기 전이야 누구나 그렇지만 어느 남편도 철석같이 굳게
약속했다. "너만 사랑하고 위해주는 세상에서 제일 착한 남편이 될
게." 아내는 그 약속을 철석같이 믿었다. 그러나 살다 보니 그게 아
니었다. 다 거짓말이었다. 철저하게 속았다는 생각이 들었다. 그런
자신이 한심하고 속상했다. 할 수만 있다면 시간을 되돌리고 싶었
다. 남편은 매번 가정보다 직장일이 우선이었다. 남들을 배려하느라
아내는 항상 뒷전이었다. 아내는 견딜 수 없을 정도로 화가 났다. 그
런데도 밖에서는 대단한 애처가인 척했다. 아내 때문에 회식이나 다
른 모임에도 못 가는 것처럼 말하고 다녔다. 그래서 사람들은 아내
가 집안에서 다 휘두르고 사는 줄 안다.

　남편은 월요일부터 토요일까지 정신없이 일하고, 일주일에 단

하루 쉰다. 그날마저 부모님을 모시고 놀러간다. 효도하는 건 좋지만 자기 가정은 내팽개쳐두고 그렇게 하는 게 진정한 효도인가 싶다. 연휴에도 월요일부터 토요일까지 일하고 일요일에 부모님 댁에 도착했다. 도착하자마자 아내와 아이는 시댁에 두고 자기는 형과 함께 놀러 나갔다. 그러고는 집에 들어와서 저녁을 먹고 또다시 놀러 나갔다.

아내는 매일 혼자 아이를 돌보고 정신없이 집안일을 하느라 녹초가 된다. 그런데도 남편은 집안일을 거들어줄 생각을 전혀 하지 않는다. 따뜻한 말 한마디도 없다. 게다가 밖에서 받은 스트레스를 집에서 다 푼다. 시간만 나면 시댁식구 챙기느라 정신이 없다. 그렇지 않으면 피곤하다면서 잠만 잔다. 아이만 없었다면 다 끝내버리고 싶은 심정이다.

남편이 이러니 시댁식구도 그런 식으로 대한다. 어느 해인가, 아내 생일을 시댁에서 보낸 적이 있었다. 남편도, 시부모님도 케이크 하나 준비하지 않았다. 축하한다는 말 한마디 없었다. 너무 속상해서 대화를 시도하려해도 남편은 귀찮아했다. 싸움을 해서라도 풀려고 하면 남편은 바로 나가버렸다. 결국 제풀에 지쳐 분이 풀릴 때까지 사과는 커녕 그 어떤 노력도 안 했다. 이게 부부가 사는 건가 싶다.

부부란 뭔가? 서로 아껴주고 살아도 부족하다. 내가 원하는 게 있어도 배우자를 위해 포기할 수도 있어야 한다. 배우자의 행복을 위해서라면 나의 즐거움을 접을 수도 있어야 한다. 어떻게 내가 원하는 것만 다하며 살겠는가? 내가 원해도 배우자가 원하지 않는다면 멈추어야 한다. 당당하게 살아야 하지만 때로는 배우자의 눈치도 적당하게 보며 살아야 한다. 그렇지 않으면 배우자의 기분은 엉망진창이 될 테니까!

배우자를 위해 조금만 더 도와주면 어떨까? 부부의 역할이란 게 정해진 법이 없다. 결혼 시기에 따라 달라지기도 한다. 신혼 초기와 아이들이 어린 시기가 다르고, 자녀가 청소년기가 되면 또 달라진다. 거기에 맞게 역할을 조정하고 적응하며 사는 게 부부이다. 역할이 서로 안 맞다 보면 갈등이 생긴다. 그 갈등을 풀지 못하면 이혼하자면서 우기게 된다. 분주하고 힘에 부치다 보면 짜증스럽고 화가 나는 법이다. 하나가 꼬이면 다른 것들까지 뒤틀리는 법이다. 예수님의 마음을 가지고 조금만 더 도와주고 섬기면 배우자의 기분이 달라질 텐데.

배우자가 원하는
것을 해주라

내가 원하는 것만 추구하며 사는 이기적인 사람이 있다. 그런 사람은 불행을 만든다. 하지만 다른 사람이 원하는 것이 무엇인지 살필 줄 아는 지혜로운 사람이 있다. 그는 행복한 동행을 할 줄 안다. 자기 선호도에 따라 살아가는 사람은 상대방을 불편하게 할 수 있다. 그렇기에 행복한 동행을 하는 사람들은 자기가 좋아하는 삶의 스타일대로만 살려고 애쓰지 않는다. 때때로 상대방이 원하는 것 때문에 자신이 원하는 것을 포기하는 여유도 가지고 산다.

사람들은 고등학교 교사인 한 남편을 보며 부러운 듯이 말했다.

"부인이 전형적인 현모양처시네요. 좋으시겠어요."

그러나 남편은 고개를 절레절레 흔들었다. 그러자 아내가 섭섭한 듯 말했다.

"이 사람은 내가 자기를 힘들게 한대요."

사람들은 복에 겨워 그러는 게 아니냐고 핀잔을 줬다. 그러나 남편은 정색하며 말했다.

"한번 살아보세요. 자기가 현모양처니까 남편도 거기에 맞게 잘해야죠, 아이들도 일사불란하게 움직여야죠, 아주 사람 잡습니다."

남편은 모범생이었다. 배우자도 그런 사람을 찾아서 결혼했다. 그런데 정작 살다 보니 너무 부담스러웠다. 그러나 아내는 다르게 말한다.

"힘들면 내가 더 힘들지. 실컷 받아놓고 이제 와서 너 따라가느라 힘들었다니 너무 억울해!"

아내는 잘한다고 하지만 남편은 괴로운 나날을 살았다.

어느 날, 아내가 남편의 옷을 사왔다. 남편은 그 옷이 마음에 안들었다. 아내의 성의를 생각해서라도, 그렇지 않으면 본전을 생각해서라도 한두 번 입을 만했다. 그런데 남편은 아예 거들떠보지도 않았다. 아내는 너무 고집스러운 남편이 서운했다. 자신을 무시하는 것처럼 느껴졌다. 아내는 속상해서 푸념했다.

"사람이 어쩜 그래요?"

"그러게 왜 사 와? 의논도 없이."

"다른 남편들은 사다주는 거 아무 소리 없이 잘도 입더라!"

"그럼 그 남자랑 살아!"

아내는 매정하게 말하는 남편이 너무나도 싫었다. 남편은 남편대로 속상했다. 그는 어려서부터 자기 옷은 자신이 골라 입었다. 그는 자기 개성에 맞는 옷을 골라 입기를 원했다. 그런데 아내는 친구들과 함께 백화점 세일코너 같은 데서 골라온다. 다 비슷비슷한 옷이다. 그래서 남편은 속마음을 털어놓았다.

"이 사람은 남편 옷을 사는 게 주부의 의무이자 아내의 권리라고 생각하는 것 같아요. 그리고 내가 그것을 달게 받아 입지 않으면 애정이 없다고 보는데 어떻게 해야 할지 모르겠어요. 연애 시절에 받는 선물이야 고맙게 받아서 다른 사람을 주거나 하겠지만 이건 아니잖아요. 일상적으로 입어야 하는 옷들이잖아요. 매번 이런 식으로 옷을 입어야 한다면 그건 사육이지요."

사람마다 취향이 다르다. 나는 지금까지 내 옷을 골라 본 적이 없다. 항상 아내가 골라준다. 때로는 성도들이 골라주는 옷이나 넥타이도 많다. 그러나 아무 불편함이 없다. "옷걸이가 좋아서 다 어울려"라고 하면서 기분 좋게 입는다. 때로는 마음에 조금 안 들 때도 있다. 그래도 사준 사람을 생각해서 그냥 입는다.

그렇다고 세상 사람들이 다 그렇게 사는 것은 아니다. 배우자가 자기 취향과 스타일대로 살기를 원한다면 거기에 맞추는 지혜도 필요하다. 내가 하는 게 옳다고 생각될지라도 배우자가 원하지 않는다면 포기해야 한다. 그렇지 않으면 하나 됨을 이룰 수가 없다. 상대방이 원하는 게 있는데 내가 원하는 방식대로 살라고 강요해서는 안 된다. 내 방식이 소중하다면 배우자의 방식 또한 소중하다. 배우자의 삶의 스타일을 인정해줘야 한다.

사랑은 내 방식을 강요하는 게 아니다. 상대방의 방식을 헤아리며 사는 것이다. 귀찮아도 맞출 줄 알아야 한다. 본인은 원하지 않더라도 배우자를 위해 양보할 줄 알아야 한다. 끈질긴 자기 고집은 소통과 신뢰를 꺾어버린다.

C·H·A·P·T·E·R·02
—
포기할 줄 아는
지혜를 가지라

어느 가정에 결혼해서 그럭저럭 함께 살아오던 아내가 죽었다. 어느덧 발인하는 순서가 되었다. 일반적으로 발인할 때는 운구위원들이 조심스럽게 운구한다. 그런데 운구하던 사람들이 코너를 돌 때 잘못해서 벽 모서리에 관이 부딪히고 말았다. 이게 웬일인가? 죽었던 아내가 깜짝 놀라서 다시 살아난 것이다. 다시 살아난 아내는 1년밖에 더 살지 못하고 결국 다시 죽었고, 또 발인하게 되었다. 운구차를 향해 엄숙하게 운구하고 있는 중이었다.

갑자기 남편이 운구하는 사람들 앞으로 나왔다. 그리고 운구하는 사람들에게 "여기로, 저기로…" 하면서 관이 벽에 부딪히지 않게 조심시켰다. 왜 그랬을까? 죽은 아내가 다시 살아날까 봐 두려웠던 것이다. 부부가 이렇게 살아서야 되겠는가? 죽을까봐 노심초사해야지, 다시 살아날까 봐 안절부절못해서야 행복한 동행을 할 수 있겠는가?

행복한 동행을 위해서는 포기해야 할 것을 내려놓는 지혜가 필요하다. 사실 인생에는 포기해야 할 것과 챙겨야 할 것들이 있다. 챙겨야 할 것을 챙기지 못하면 행복한 인생을 살 수 없다. 포기해야 할 것을 포기하지 못해도 불행하게 된다. 부부가 동행하려면 포기해야 할 것이 있다. 그것을 찾아서 포기하는 훈련을 해보라.

탓하는 버릇을
버리라

"잘되면 제 탓, 못되면 조상 탓"이라는 속담이 있다. 잘된 것은 스스럼없이 자신에게 그 공적을 돌린다. 그러나 일이 잘 안 되면 조상 탓으로 돌린다. 자신의 책임을 면제 받으려는 속셈이다. 사실 잘살지 못하는 것은 자기 탓이다. 조상이 보태준 게 없다고 말해서는 안 된다. 그럼에도 어리석은 사람은 성공하지 못했거나 잘살지 못하는 것에 대한 책임을 남에게 돌린다. 그러나 지혜로운 사람은 부모를 탓하는 게 아니라 자신의 잘못을 인정한다.

부부가 살아가면서 "이건 모두 당신 탓이야"라고 말하는 순간부터 불행의 늪으로 빠져든다. 다음의 두 가정이 살아가는 모습을 한 번 보라. 얼마나 대조적인 삶을 살아가는가?

어떤 시골 동네에 앞집과 뒷집이 있었다. 그중 앞집에 새 며느리가 들어왔다. 시댁 식구들은 자기 외아들에게 시집온 며느리가 너무나 고마웠다. 어느 날, 시어머니가 밥을 짓기 위해 새로 맞은 며느리에게 솥에 불을 지피라고 했다. 그 며느리는 도시에서 살다가 시골로 시집을 왔다. 그렇기에 장작불을 피워서 밥을 지어본 경험이 없었다.

며느리는 시어머니가 시킨 대로 아궁이에 불을 지폈다. 그런데 며느리는 밥솥의 물이 넘치는 것도 모르고 계속 불을 지폈다. 결국 솥 안의 밥은 다 타서 냄새가 진동했다. 급기야 솥은 금이 갔고, 깨져버렸다. 겁에 질린 며느리는 땅바닥에 주저앉아 울고 있었다. 그때 시어머니가 며느리를 위로하며 말했다.

"애야, 내가 물을 너무 적게 부어서 그렇게 됐구나. 걱정하지 말거라."

그러자 시아버지가 말했다.

"내가 부엌에 나무를 너무 많이 들여서 그렇게 됐구나. 내 책임이 크다."

그러자 신랑이 말했다.

"물을 너무 적게 길어온 내 탓이니 너무 마음 쓰지 말아요."

한편 뒷집은 양조장을 하는 집이다. 시어머니가 술밥을 솥에 잔뜩 올려놓고 며느리에게 불을 때라고 했다. 경험 없는 새댁이 솥이 깨지는 줄도 모르고 불을 땠다. 그러자 사사건건 불평이 많고 간섭이 심했던 시어머니가 달려와서 욕을 해댔다.

"도대체 너는 시집오기 전에 뭘 배웠니? 솥이 백 개라도 못 당하겠다."

그랬더니 며느리가 대꾸했다.

"제가 일부러 그랬나요?"

그러자 시아버지가 며느리를 향해 호통을 쳤다.

"어디서 배운 버르장머리냐! 어디라고 시어머니한테 눈썹을 치켜들고 대들어!"

며느리는 질세라 시아버지에게도 대꾸했다.

"사람이 말도 못하고 살아야 하나요?"

이 광경을 지켜보던 남편이 화가 났다. 참지 못하고 아내의 뺨을 때리면서 말했다.

"어디서 굴러먹던 개뼈다귀야!"

그러자 분통한 며느리는 악을 쓰며 신랑에게 대들었다.

"차라리 날 죽여라!"

신랑은 대드는 신부를 흠씬 두들겨 팼다.

한 가정은 부족한 며느리를 감싸주었다. '네 탓'을 하는 게 아니라 '내 탓'을 했다. 행복은 그들에게 멀리 있지 않았다. 그러나 다른 가정은 며느리의 부족함을 감싸줄 줄 몰랐다. 그들은 '내 탓'을 하는 게 아니라 '네 탓'을 했다. 불행은 그들 곁에서 맴돌았다.

마쓰시타 고노스케는 일본 마쓰시타그룹의 창업자이다. 어느 날, 한 신문사 기자가 고노스케 회장에게 물었다.

"71개 계열사에 종업원 13만 명을 거느린 세계적인 그룹을 키운 비결이 무엇입니까?"

기자의 질문에 그는 이렇게 대답했다.

"성공의 비결은 두 가지가 모자랐기 때문입니다. 첫째, 남들보다 머리가 모자랐고, 둘째, 다른 사람보다 체력이 모자랐습니다. 머리가 모자랐기 때문에 똑똑한 사람들에게 일을 맡기고, 체력이 모자랐기 때문에 힘이 센 사람들에게 일을 맡겨 성공할 수 있었습니다."

모자라고 부족하면 어떤가? 모자라기 때문에 더 멋진 삶을 살아갈 수도 있다. 건강하지 못하기 때문에 더 큰일을 할 수도 있다. 다 자기 하기 나름이다. 남을 탓하지 말고 자기 탓으로 돌리면 세상이 편하게 느껴진다.

부부가 환상적인 팀을 이루는 것도 마찬가지다. 서로 모자란다고 생각하면 문제가 없다. 서로 부족하다고 생각하면 동행할 수 있다. 모자라고 부족하기 때문에 서로 돕고 살아갈 수 있다. 서로를 돕는 과정에서 행복 바이러스가 만들어진다. 모자람을 탓할 필요가 없다. 부족하기 때문에 도와주면 된다.

다른 사람과
비교하지 말라

배우자를 다른 사람과 비교하지 말아야 한다. 이건 누

구나 너무 잘 알고 있다. 하지만 그것을 실행에 옮기는 사람은 진짜 드물다. 배우자에게 뭔가 불만족스러울 때마다 입에서는 남과 비교하는 말이 툭 튀어나오려고 단단히 준비하고 있다.

퇴근 후, 동료들이 한잔하고 가자고 한다. 그 순간, 눈에 불을 켤 아내가 어른거린다. 그래도 그 자리를 박차고 집으로 갈 용기는 없다. 집에 들어선 순간, 아내의 토라진 얼굴이 다가왔다.

"이 시간까지 뭐하다 왔는데? 빨리빨리 집에 들어오면 안 돼?"

"나도 그러려고 했는데 눈치가 보여서⋯."

"그러면 돈이라도 많이 가져다주던가, 사모님 소리라도 좀 듣게 해주던가."

"⋯⋯."

"누구 남편은 월급도 많이 가져다준다던데. 어디 그뿐이야? 집에 빨리 들어와서 쓰레기도 버려주고, 설거지도 해주고, 집 안 청소도 잘 해준다더라."

남편이 참는 것도 한계가 있다. 꼬리를 내렸던 남편도 신경질적으로 맞대응했다.

"그럼 그놈 하고 살아! 나는 만족한 줄 알아? 다른 여편네들은 몸에 좋다는 거 다 해먹인다더라."

부부는 의심의 대상이 아니다. 비교의 대상도 아니다. 세상에 오직 하나뿐인 절대적인 존재이다. 의심하는 순간 행복은 도망친다. 비교하는 순간 비극이 달려온다.

비록 별 볼 일 없어 보이는 그이지만 그대가 가장 사랑했던 사람이다. 세상에 오직 하나뿐인 당신의 사람이다. 세계에는 수십억 명의 남성이 있지만 당신과 무관하다. 또한 수십억 명의 여성이 있지만 당신이 어울려서는 안 될 사람들이다. 당신에게 허락된 유일한 사람이 바로 그이다.

건강하게 사는 부부와 비교해서 서로 도전받는 일은 유익할 수 있다. 배울 것은 배우며 살아야 한다. 고칠 것은 고치며 살아야 한다. 그러나 배우자의 단점을 들춰내면서 다른 사람과 비교해서는 안 된다. 다른 배우자나 가정과 비교하는 일은 불행으로 치닫는 지름길이다. 비교당하면서 기분 좋게 웃을 바보는 없다. 그렇다고 자신을 돌아보려는 노력을 하는 것도 아니다. 그저 기분이 나쁘고 자존심만 상할 뿐이다. 배우자를 기분 나쁘게 해서 얻을 수 있는 게 무엇인지를 한번 생각해보라.

"친구 부인은 어떻게 그렇게 상냥한지 모르겠어. 게다가 내조도 잘하니 얼마나 좋아."

"누구 아내는 집에 있을 때도 단정하고 깔끔하게 있다는데, 당신은 펑퍼짐해가지고 망가진 모습을 하고 있으니 내 눈이 다른 데로 돌아가는 게 당연하지. 그러면서 내 탓만 해!"

"이웃집 남편은 아내가 아프다고 하면 약을 사가지고 일찍 들어와서 저녁도 준비한다는데 당신은 뭐야?"

"김 과장님은 너무 가정적이더라. 자기 아내를 끔찍이 사랑해준

대. 게다가 실력도 있으니 얼마나 좋아."

배우자의 가슴을 후벼 파는 말을 하는 부부가 의외로 많다. 비교하는 말은 절대 결혼생활을 행복하게 할 수 없다. 서로를 화나게 하고 상처만 줄 뿐이다. 더구나 감정이 격앙된 상태에 있을 때는 부부 문제를 더욱더 악화시킬 뿐이다. 비교해서 좋아지지 않는다. 오히려 칭찬하고 격려하는 게 훨씬 더 효과적이다.

다른 사람과 비교하는 부부는 배우자에게 바라기만 한다. 자신은 돌아볼 줄 모른다. 자신은 변하지 않고 오직 배우자가 변하기만을 바란다. 도무지 이해하거나 양보하려 하지 않는다. 매사가 자기중심적이다. 그러니 행복한 동행을 사절하는 것이다.

의견을 말하되
잔소리하지 말라

어느 목사가 성경을 읽다가 의문이 들었다. 그래서 하나님께 그 이유를 물었다.

"하나님, 하나님은 왜 여자를 먼저 만들지 않고 남자를 먼저 만드셨나요?"

그러자 하나님이 말씀하셨다.

"만약 여자를 먼저 만들었다고 생각해봐라. 남자를 만들 때 얼마나 간섭이 심했겠냐? 여기를 크게 해달라, 저기를 길게 해달라, 참견과 잔소리가 얼마나 심할 텐데 그걸 내가 어찌 다 감당할 수 있겠니?"

부부가 살다 보면 잔소리도 할 수 있다. 남자도 잔소리가 많은데 아내야 오죽하랴! 나도 꽤 잔소리가 많은 편이다.

"이걸 먹었으면 휴지통에 갖다 넣어야지. 여기다 두면 누가 갖다 버리라고…."

"너희는 왜 자기 방인데 깨끗이 할 줄을 모르니?"

"공부하는 녀석이 그렇게 잠이 많아서야 어떻게 공부하니?"

생각해 보니 나도 잔소리꾼이다. 왜 잔소리를 하는가? 내 욕심에 안 찬다는 말이다. 뭔가 부족하다는 것이다. 상대방을 내가 원하는 사람으로 바꿔서 살고 싶다는 뜻이다. 그런데 사람은 쉽게 바뀌지 않는다. 그러다 보니 갈등이 일어난다.

레오 톨스토이 백작 부인은 임종 순간에 딸들을 불러놓고 이렇게 말했다. "너희 아버지가 돌아가신 것은 순전히 나 때문이었단다." 정말 그랬다. 그녀가 내뱉은 끊임없는 불평, 비난, 바가지가 아버지를 죽음으로 내몬 것을 딸들도 잘 알고 있었다. 사실 톨스토이 백작 부부는 어떻게 따져 봐도 행복할 수밖에 없는 사람들이다. 남편은 세계적인 문호로서 불후의 걸작을 썼다. 그의 명성을 사모하여 모여드는 사람들은 주야로 그를 둘러쌌다. 그가 하는 말 한마디 한마디를 모조리 필기했다. "자, 이제 그만 가자"는 말까지도 받아쓰는 형편이었다. 게다가 톨스토이 부부는 재산도 많았다. 사회적인 지위는 말할 것도 없었다. 그들에게는 사랑스러운 자녀도 많았다. 이 정도 혜택을 누릴 수 있는 결혼생활이란 그리 흔하지 않았다.

그런데 어느 순간부터 톨스토이가 돌변했다. 이제까지 자신이 쓴 글을 부끄럽게 생각했다. 평화를 원하고 전쟁과 가난을 이 세상에서 추방하기 위해 끊임없이 팸플릿을 쓰기 시작했다. 그는 그리스도의 말씀을 문자 그대로 따르려고 애썼다. 가진 땅을 전부 남에게 나눠주었다. 자진해서 가난한 생활에 뛰어들었다. 온종일 들에서 일하며 나무를 자르고 풀을 베었다. 신발은 손수 만들어서 신고, 자기 방은 자기 손으로 청소했다. 나무접시에 식사를 하고, 그리스도의 말씀대로 적을 사랑하려고 애썼다.

그러나 그의 아내는 달랐다. 화려한 것을 좋아했다. 사회적인 명성과 칭찬을 갈망했고 많은 재산을 원했다. 톨스토이와는 다른 세계를 동경하고 있었다. 톨스토이는 저서의 인세를 받으려 하지 않았다. 그 때문에 부인은 화도 내고 울고불고 몇 년 동안이나 그를 나무랐다. 마음에 들지 않는 일이 있으면 히스테리 발작을 일으키며 죽어버리겠다고 얼렀다.

1910년 10월 어느 눈 오는 밤, 82세의 톨스토이는 가정불화를 견디다 못해 정처 없이 집을 떠났다. 열하루 뒤에 그는 어느 쓸쓸한 역에서 숨을 거두었다. 숨을 거두면서 그는 한마디를 남겼다.

"아내를 절대 가까이 오지 못하게 해달라."

뉴욕 가정재판소에 11년간 근무한 베시 햄버그는 수천 건의 이혼 소송을 조사한 결과, 남편이 집을 나가는 주된 원인은 아내가 시끄럽기 때문이었다고 한다. 이와 관련해서 〈보스턴 포스트〉지는 이렇게 보도했다. "세상의 아내들은 바가지를 긁음으로써 결혼의 무덤을 계속 파고 있다."

　　어느 토요일, 한 남편이 한가하게 TV를 시청하고 있었다. 주방 청소를 마친 아내가 잔소리를 했다.

　　"집에 있으면 TV만 끼고 사니, 당신이 잘하는 게 뭐가 있어?"

　　"딱 하나 잘한 거 있어!"

　　"뭔데?"

　　"당신과 결혼한 거."

　　이쯤 되면 잔소리를 소화하는 능력이 숙련된 솜씨다. 행복하게 살려면 배우자가 잔소리를 퍼부을 때 유머러스하게 받아넘기라. 아니, 재치 있는 말로 배우자의 마음을 아예 꽉 잡아버리라. 행복의 문이 열릴 것이다.

욕심을 버리고
만족하며 살라

　　사람의 욕심은 끝이 없다. 자족하는 마음을 품지 않고

는 욕심이란 괴물을 달랠 길이 없다. 부부의 행복은 욕심이 머리를 쳐드는 순간 금이 가기 시작한다. 욕심은 어떤 사람도 봐주지 않는다. 많이 배웠다고? 많은 것을 가졌다고? 경험이 많다고? 그러나 욕심은 한계가 없다.

어느 부부가 결혼한 지 35년이 되어 조촐하게 둘만의 시간을 갖고 있었다. 그때 요정이 나타나서 말했다.

"그동안 두 사람의 금실이 좋았으니 소원을 하나씩 말해보세요."

그러자 할머니가 말했다.

"그동안 가난하게 살다 보니 세상구경을 못했어요. 세계 여행을 해봤으면 좋겠네요."

그러자 요정이 지팡이를 흔들었고, 항공권과 숙박권이 나왔다.

다음은 할아버지 차례였다. 예순 된 할아버지가 말했다.

"나는 나보다 서른 살쯤 젊은 여자와 살았으면 좋겠군."

그 말을 들은 요정이 지팡이를 흔들었다. 그러자 할아버지는 놀랍게도 서른 살 젊은 여자와 살게 되었다. 그런데 문제가 발생했다. 영감님이 아흔 살 노인이 되고 만 것이다.

어느 부부가 다 만족하면서 살아갈까? 내가 만족할 수 없다면 상대방도 만족하지 못할 것이다. 부부가 행복한 동행을 하기 위해서는 배우자를 있는 그대로 수용해야 한다. 부부는 서로의 필요를 알고 채워주어야 한다. 그렇지 않으면 상처만 받는다. 욕구불만으로 갈등하게 된다. 그러나 서로의 필요를 어떻게 다 채워줄 수 있을까? 만족하는 마음이 필요하다.

"그만하면 됐어."

"나에게 당신은 과분한 사람이야."

하지만 사람들은 "당신은 왜 그래?"라고 말한다. 적절한 수위의 불만족은 약이 될 수도 있다. 의미 있는 욕심이랄까? 거룩한 욕심이 랄까? 인생에는 그런 게 필요하다. 그렇지 않으면 발전이 없다. 부부가 성장하려면 적절한 수준의 불만족도 필요하다. 그러나 욕심이 부부의 삶을 집어삼키도록 방치해서는 안 된다.

"여보, 내가 당신을 위해 고쳐주었으면 하는 게 있으면 두세 가지만 말해봐."

"아냐. 난 지금의 당신으로 만족해."

"에이, 그래도 뭔가 2%라도 부족한 게 있을 거 아냐?"

"나는 현재 당신으로도 족하다니까."

"우리 서로를 위해 고쳐주었으면 하는 두세 가지만 서로 이야기 해보자. 너무 많이 얘기하면 기분 나쁠 테니까. 두세 가지만 알려줘서 서로 노력하도록 하자."

우리 부부가 결혼을 하고 2~3년 후에 침대에 누워 나누던 대화이다. 그때부터 우리 부부는 서로 고쳐주었으면 하는 바람을 나누었다. 몇 개월 동안 서로 고치려고 노력했다. 몇 개월 후에 다시 서로의 요구를 나누었다. 그렇게 하다 보니 이제 별로 어렵지 않게 살아가게 되었다.

인간의 탐욕은 끝이 없다. 아무리 많이 누려도 부족하다고 느낀다. 아무리 좋은 배우자도 만족할 줄 모르는 사람에게는 양이 차지 않는다. 문제는 그 사람의 모습이 아니다. 자신의 마음이다. 욕심의 그릇만 조금 쏟아버리면 삶이 달라진다. 왜 잔소리를 늘어놓는가? 만족할 줄 모르는 인간의 욕심 때문이다. 다 만족해서 행복하게 사는 부부는 없다. 서로를 만족하게 여기면서 살아가기 때문에 행복한 동행이 가능한 것이다.

배우자를
괴롭히지 말라

부부간에도 서로를 괴롭힐 수 있다. 원하지 않으면서도, 심지어 사랑한다고 말하면서도. 부부가 괴로워하는 일에는 어떤 것이 있을까?

첫째, 육체적으로 괴롭힐 수 있다. 힘 있는 배우자가 상대방을 구타해서 괴롭힌다. 때로는 몸이 따라갈 수 없을 정도로 무거운 역할을 요구해서 배우자를 짜증나게 한다. 반대로 자신이 해야 할 역할을 기피함으로써 상대방을 괴롭힐 수도 있다. 사람은 몸이 약해지면 마음과 정신도 약해진다. 그때는 누군가에게 기대고 싶고, 돌봄을 받고 싶다. 그런데 그러한 마음을 알아주지 않고 오히려 귀찮게 여길 때 섭섭한 마음이 든다.

둘째, 정서적인 괴롭힘이다. 부부간에 "속상해 죽겠어"라고 말할 때가 있다. 배우자에게 무시당했다는 생각이 들지 않게 해야 한다. "부부간에 무슨 자존심?"이라고 말할지도 모른다. 하지만 배우자에게 자존심 상하는 것은 더 괴롭다. 배우자가 어떤 약점이나 허물을 가지고 있을지라도 말이나 표정, 혹은 행동으로 무시하지 말아야 한다. 특히 인격적으로 모독하지 말아야 한다. 인격적인 모멸감을 당했을 때 섭섭함을 넘어 보복심까지 생긴다. 어떤 중요한 결정을 할 때 상대방을 무시하지 말아야 한다. 상대방의 생각을 존중하지 않는 것도 정서적인 고통을 주는 일이다. 거절당할 때나 욕구가 충족되지 않을 때도 그렇다. 사랑받고, 존중받고, 돌봄받고 싶은 욕구가 좌절될 때 배우자는 고통을 당한다.

셋째, 경제적인 괴롭힘이다. 맞벌이 부부는 주로 역할분담 때문에 고통을 당한다. 함께 일하고 집에 들어왔는데 남편과 아내가 해야 할 일의 차이가 많다. 남편이 빈둥대고 놀며 돈을 가져다주지 않아서 고통을 당하기도 한다. 카드를 너무 심하게 긁어서 고통스럽기도 하고, 충동구매나 지나친 사치 때문에 고통을 주기도 한다. 가정 경제를 지혜롭게 관리하지 못해서 고통을 주기도 한다. 용돈을 타서 살아가는 남편은 용돈을 적게 줘서 고통을 당하고, 남편이 돈을 관리하는 가정의 아내는 남편이 생활비를 쥐꼬리만큼 줘서 고통을 당하기도 한다. 어느 가정에서는 보증을 섰다가 잘못되어서 집안 전체가 고통을 당하기도 한다. 처가 덕을 보려고 하는 남편은 얄밉다. 남편 몰래 친정으로 돈을 빼돌리는 아내 때문에 힘들어하기도 한다. 양가 식구들에 대한 경제적인 배려가 불공평해서 힘들기도 하다.

넷째, 성적인 괴롭힘이다. "우리는 궁합이 너무 맞지 않아서 죽겠어." 정해진 궁합을 기대하기보다 서로 알아가고 맞춰가려는 노력이 필요하다. 성적인 만족도는 평소 마음의 친밀감에 따라 달라진다. 몸이 따라주지 않을 때나 마음이 원하지 않을 때 배우자가 성적인 요구를 하면 괴롭다. 배우자에게 잠자리를 요구했는데 거절당하면 속이 상한다. 만약 그것이 누적된다면 관계에 금이 갈 수도 있다. 특히 배우자가 외도할 때 당하는 괴로움은 이루 말할 수 없다. 불신과 배신감에 시달린다. 사실 성적인 문제는 드러내놓고 다루기가 어렵기 때문에 오히려 더 큰 고통일 수 있다.

마지막으로 영적인 괴롭힘이다. 영적인 세계가 다를 때 가장 힘이 든다. 한 사람은 기독교인데 다른 사람은 불교이거나 무교일 때 당하는 고통을 생각해보라. 같은 종교를 가졌지만 영적인 성숙도가 달라서 관심사가 서로 다를 때 얼마나 괴로운 일인가? 한 사람은 주일날 교회에 가서 예배를 드리자고 한다. 그런데 다른 사람은 부부동반 모임에 가야 한다고 고집한다.

어느 부부는 다른 것에는 문제가 없었다. 영적으로도 드러난 문제는 없었다. 두 사람 모두 신앙생활을 하고 있었기 때문이다. 그런데 뭔가 답답해서 견딜 수가 없었다. 뭔가 통하지 않는 그 무엇 때문에 고민했다. 부부 가운데 담배, 술, 제사 문제 때문에 고통당하는 경우가 많다. 아내는 남편이 영적인 제사장이 되기를 원하지만 정작 남편이 그렇게 하지 않을 때 괴롭다. 이럴 때 자기 입장만 고집하지 말아야 한다. 상대방을 배려해줘야 한다. 자신의 필요보다 배우자의 필요에 더 민감해야 한다. 부부는 서로 괴롭히는 존재가 아니다. 오히려 사랑하고 행복하게 해줄 존재이다.

C·H·A·P·T·E·R·03
—
서로 통하는
비결을 익히라

어느 금요일, 점심을 먹으러 집으로 갔다. 아내는 점심을 준비하고 있었다. 거실을 들어서는데 아내가 부탁했다.

"자기, 불 좀 켜줄래?"

"알았어."

주방과 거실이 하나로 되어 있는 우리 집은 거실 쪽 형광등이 있고, 주방 쪽 LED등이 있다. 평소에는 LED 등으로 교체한 주방 쪽에 있는 등만 켜놓고 거실 쪽 형광등은 꺼놓는다. 그래서 나는 거실에 있는 형광등을 켰다.

어느덧 우리 부부는 점심식사를 마쳤다. 그리고 잠시 거실에 함께 앉았다. 아내가 거실 쪽에 켜진 형광등을 보며 말했다.

"여기에 불이 왜 켜졌지?"

"당신이 켜라고 해서 내가 켰잖아."

"언제?"

"생각 안 나? 밥 먹기 전에 당신이 켜라고 했잖아."

"안 그랬는데…."

"무슨 소리야. 당신이 그렇게 시켰거든."

"난로 켜라고 한 거지."

"그래? 그럼 다음부터는 불 켜라고 하지 말고, 난로불 켜라고 그래. 나는 어두우니까 전깃불 켜라고 하는 줄 알았지."

때때로 "우리 부부는 너무 안 통해"라는 말을 할 때가 있다. 함께 대화를 나누기는 하지만 소통이 안 되는 걸 경험한다. 서로 말하는 것과 듣는 것이 다를 때 답답하다. 그래서 이렇게 저렇게 따지다 보면 감정이 격앙되고, 속상한 마음이 생긴다. 다툼이 일어난다. 그래서 부부가 행복한 동행을 하려면 소통을 잘해야 한다.

소통의
문을 열라

"따르릉~"

어느 토요일이었다. 목양실에서 설교를 준비하고 있는데 아내에게서 전화가 왔다.

"여보, 저녁을 좀 일찍 먹게 빨리 올 수 있어?"

"그러지 뭐."

나는 다른 날보다 일찍 집으로 들어갔다. 집으로 와 보니 아내는 아직까지 요리를 하고 있었다. 아내는 오징어와 버섯을 볶느라 분주했다.

"내가 좀 도와줄까?"

나는 아내 곁으로 다가가 오징어 볶는 일을 도와주었다. 그런데 오징어볶음에 물이 많은 것 같았다. 국물이 조금 줄어들어야 맛있게 될 것 같다는 생각이 들었다. 아내에게 물었다.

"불을 좀 더 세게 할까?"

아내가 "어"라고 짧게 대답했다. 나는 가스불을 좀 더 올렸다. 잠시 후 다른 일을 하던 아내가 돌아서서 오징어볶음을 보더니 나에게 말했다.

"끄라니까! 물을 졸이면 음식이 짜지니까 끄라고 했잖아요."

나는 의아해서 대꾸했다.

"아닌데…. 나는 물을 좀 더 졸이기 위해 가스불을 더 크게 한다고 물었는데…."

말을 주고받는 과정에서 커뮤니케이션의 장애가 생긴 것이다. 우리는 둘 다 자기 일에 집중하고 있었다. 그러다 보니 정확하게 말하고 듣는 데 실패했다. 자기 생각 속에서 말하고 들은 것이다.

이런 말이 있다. 결혼 1년차 부부는 남편이 말하고 부인은 듣는다. 2년차 부부는 부인이 말하고 남편은 듣는다. 3년차부터는 부부가 각자 말하고 이웃사람이 듣는다. 사람들이 말하고 듣는 것을 보면 그 사람의 성공 가능성을 예측할 수 있고, 그 공동체의 행복지수를 가늠할 수 있다. 어떤 사람은 입을 닫고 산다. 세상에 침묵시위만큼 무서운 전쟁선포가 있을까? 그런가 하면 어떤 사람은 귀를 닫고 산다. 남들이 하는 이야기는 도무지 들으려고 하지 않는다. 어떤 사람은 입은 여는데 상대방과 상관없이 자기가 하고 싶은 말만 한다. 만약 이런 사람들이 맞붙으면 어떻게 될까? 생각만 해도 끔찍한 일이다. 이 정도는 아니라 할지라도 서로 불통현상이 일어날 수 있다.

부부가 행복하게 살기 위해서는 소통의 기술을 익혀야 한다. 그러기 위해서는 첫째, 말하는 기술을 계발해야 한다. 소통을 잘하기 위해서는 간단명료하게 자신의 생각을 전달해야 한다. 말이 길고 장황하면 말하는 사람조차 이해하지 못한다. 상대방을 기분 좋게 하는 말, 칭찬하고 격려하는 말, 때에 맞는 말, 은혜롭고 덕스러운 말, 분위기를 좋게 하는 말을 해야 한다. 말실수를 줄이려면 삼사일언(三思一言), 즉 세 번 생각하고 한 번 말해야 한다.

둘째, 듣는 귀를 활짝 열어야 한다. 말하기 좋아하는 아내의 말에 귀를 기울이면 편하다. 하나님은 잘 듣도록 하기 위해 입은 하나만 만드시고, 귀를 두 개 만드셨다. 대부분 듣지는 않고 자기 말만 하려다 보니 문제가 곪아터진다. 성경의 교훈대로 듣기는 속히 하고, 말하기는 더디 해야 한다.

셋째, 마음을 활짝 열어야 한다. 주먹을 꽉 쥔 채 악수할 수는 없다. 마찬가지로 마음을 꽉 닫고는 절대 소통할 수 없다. 소통을 가로 막는 것은 마음이다. 마음이 막히면 귀도 막힌다. 마음이 통해야 말이 통하고, 말이 통해야 몸도 통한다.

넷째, 관계를 잘 관리해야 한다. 평소에 상대방을 인정하고 존중해줘야 한다. 배우자의 생각과 주장을 수용하려는 포용성이 있어야 한다. 평소에는 관계를 관리하지 않으면서 필요할 때만 배우자의 마음을 열려고 하면 실패하고 만다.

경청으로
소통하라

한때 영호남이 소통되지 않아 곤욕을 치렀다. 지금도 여야가 소통되지 않는다. 상사와 부하직원의 소통이 막혔다. 세대 간에 소통이 막혔다. 젊은 세대와 노년 세대가 서로의 이야기를 들으려 하지 않는다. 가정에서도 소통이 되지 않아 많은 잡음이 난다. 시어머니와 며느리는 예전부터 소통이 어려운 관계이다. 도무지 서로의 마음을 이해하려 하지 않는다. 팽팽하게 줄다리기를 한다.

부모와 자식 간에도 사랑하는 마음에 비해 소통이 어렵다. 아니, 소통이 안 되어도 별 어려움 없이 살아왔다. 그런데 요즘은 부모와 자식 간의 소통 부재가 심각한 사회문제로 대두되고 있다. 심지어 사랑하는 부부 사이에도 소통이 안 된다. 남편은 아내의 마음을 도무지 이해하려고 하지 않는다. 배우자의 마음을 아는 데는 별로 관심이 없다. 자기 마음이 최고인 줄 안다. 그래서 한 지붕 아래 두 가정을 이루고 살아간다. 어떤 부부는 법적으로는 부부이지만 정서적으로는 이미 이혼한 것이나 다름없이 살아간다.

소통이 왜 이렇게 어려운가? 소통이 어려운 것은 마음의 소통이 없기 때문이다. 소통에서는 정보를 정확하게 주고받는 일보다 사람과 사람 사이의 관계가 더 중요하다. 소통의 본질은 공감이다. 공감은 다른 사람의 고통 속으로 들어가는 일이다. 소통하려면 상대방의 입장에서 먼저 생각하고 말하는 공감능력을 갖춰야 한다. 자기가 하고 싶은 것을 말하기보다 배우자의 말을 진지하게 경청해야 한다.

가부장적인 권위로는 소통을 이룰 수 없다. 권위를 내려놓아야 솔직담백한 대화를 나눌 수 있다. 부모의 권위를 가지고 자녀들과 함께 마주 앉으면 자녀들은 질식하게 된다. 부모는 잔소리만 늘어놓을 뿐이다. 부모의 입에서 말이 나오는 순간부터 아이들은 아예 마음을 닫고 귀를 막아버린다. 남편의 권위를 주장하는 사람은 아내와 함께 소통의 장을 만들 수 없다. 아내는 권위의식을 가지고 다가오는 남편에게 마음을 열려고 하지 않는다.

소통에서는 말을 잘하는 것도 중요하다. 하지만 다른 사람의 마음 문을 여는 소통공감능력을 갖추는 게 더 중요하다. 사람을 만났을 때 상대방에게 영향을 주는 요소 중에서 언어 요소는 고작 7%에 불과하다. 93%는 비언어적인 요소이다. 즉 청각, 시각, 얼굴 표정, 외모, 의상, 장신구와 같은 것이 더 중요하다.

오프라 윈프리는 공감능력을 갖춘 대표적인 인물이다. 그는 미국에서 가장 영향력 있는 여성 리더로 알려져 있다. 그가 쇼를 하는 한 시간 동안 자기가 말하는 시간은 고작 10분 정도뿐이다. 나머지 시간은 상대방이 이야기하도록 한다. 그때 그녀는 눈을 맞추고, 고개를 끄덕여주고, 질문을 던져주며, 때로는 상대방을 끌어안고 눈물을 흘리기도 한다. 그녀는 어느 누구보다도 공감능력이 탁월하다. 이와 같은 공감능력은 다른 사람의 말에 귀를 기울이는 것에서 시작한다. 소통은 입이 아니라 귀에서 시작된다. 귀를 열어야 마음도 열린다.

일반적으로 사람들은 말하기는 좋아한다. 하지만 듣기는 잘 못한다. 소통이 어려운 것은 말하지 않아서가 아니다. 진지하게 들어주지 않기 때문이다. 많은 남편이 아내의 이야기를 건성으로 듣는다. 그러면 당연히 시끄러워지고 다툼이 생긴다. 부부 싸움도 상대방의 말을 경청하지 않고 자기주장만 하기 때문에 하는 것이다. 소통의 키는 경청이다. 성공적인 커뮤니케이션 법칙 중 '123 법칙'이 있다. 1번 이야기하라. 2번 남의 이야기를 들어주라. 3번 고개를 끄덕여주라. 부부가 듣기만 잘해도 행복한 동행을 위한 소통이 원활할 수 있다.

서로를 알면
소통한다

사람은 배운 대로 산다. 어렸을 때 가정에서 무엇을 어떻게 배웠는지가 매우 중요하다. 그렇기에 부모는 자녀들에게 좋은 정신과 문화유산을 물려주어야 한다. 배운 대로 결혼생활을 가꾸어 갈 것이기 때문이다.

어느 가정에서 있었던 일이다. 남편은 일찍 식사를 끝내고 아내만 식사를 하고 있었다. 이윽고 전화벨이 울렸다. 전화기 옆에서 식사하던 아내가 이미 식사가 끝난 남편에게 부탁했다.

"여보, 전화 좀 받아주세요."

그러나 남편은 식사하고 있는 아내에게 미뤘다.

"당신이 받아. 전화기 옆에 있잖아!"

식사하던 아내는 너무 속상했다. 그때 친정어머니가 하시던 말씀이 생각났다.

"애, 속상할 땐 꼭 얘기로 풀어야 속병이 생기지 않는단다."

아내는 '그래, 얘기를 나눠서 풀어봐야지' 라고 생각했다. 그리고 남편에게 말했다.

"여보, 우리 얘기 좀 했으면 좋겠어요. 당신은 어쩜 그럴 수가 있어요. 결혼 전에 우리 집에서는 식사가 끝난 사람이 전화를 받았는데, 당신은 식사가 끝났는데도 왜 식사하는 저보고 전화를 받으라고 미뤄요. 정말 속상해요."

그러자 남편이 말했다.

"어, 그래? 결혼 전 우리 집에서는 식사 도중이라도 전화기 옆에 있는 사람이 전화를 받았거든. 그래서 가까이 있는 당신에게 받으라고 했지."

두 사람 중 누가 옳은가? 이럴 때 대부분의 사람은 말한다.

"당신, 도대체 왜 그래? 그게 아니잖아. 당신이 틀렸어."

왜 그렇게 말하는가? 그렇게 배웠기 때문이다. 사람들은 자기와 다르게 살아가는 상대방을 향해 어김없이 말한다.

"당신은 틀렸어. 이렇게 해야지."

그러나 그건 자기 잣대일 뿐이다. 서로가 가진 잣대가 다를 뿐이다. 아내는 그 부모로부터 나름대로의 잣대를 배워왔다. 남편도 마찬가지다. 그들에게는 모두 자신이 배워온 잣대가 소중하다. 그런데 서로를 알고 나면 이건 별 문제가 아닐 수 있다. 자기 잣대로 모든 걸 판단하려고 들지 말아야 한다. 배우자에게는 그가 가진 잣대가 있다. 서로의 잣대를 존중해줄 때 소통이 가능하다.

서로의 잣대를 존중해주면서 대화를 나눠야 한다. 자신의 잣대만이 옳다고 고집하면 대화가 불가능하다. 대화는 상대방의 생각을 존중해주고, 그의 주장에 귀를 기울일 때 가능하다. 자기 처지에서 모든 걸 생각하고 판단하려 들지 말아야 한다. 그러면 비난과 정죄만 난무하게 된다. 자신의 처지가 있다면 배우자의 처지도 있는 법이다.

가끔 앞뒤가 꽉 막힌 사람을 본다. 생각이 경직되어 있다. 정말 답답하다. 도무지 남의 의견을 받아들이려고 하지 않는다. 자기 고집만 부리니 대화할 수 없고, 대화가 안 되니 행복한 동행이 어렵다. 폐쇄적인 사고를 가진 사람은 대화가 잘 안 된다. 대화는 열린 사고를 가진 사람들이 할 수 있다.

말하지 않으면 서로 모른다. 알면 문제가 되지 않는 일도 알지 못하면 오해가 된다. 그래서 대화가 필요하다. 대화를 나누다 보면 상대방의 생각도 정확하게 알 수 있다. 오해도 쉽게 풀린다. 상대방이 왜 그런 선택과 행동을 하게 되었는지 알면 별 문제가 되지 않는다. 서로를 모른 채 입을 부루퉁하게 해서 골난 얼굴을 하지 말아야 한다. 사랑의 마음으로 예의를 갖춰서 대화를 나누다 보면 매인 매듭이 풀릴 것이다.

만족스러운 성생활로
소통하라

경상도 부부와 중학생 아들이 단칸방에서 살았다. 부부는 아들의 눈치를 보느라 부부생활을 잘하지 못했다. 하루는 비가 보슬보슬 내렸다. 부부는 함께하고 싶은 마음이 일었다. 그래서 아빠는 아들에게 옆 동네 어느 집에 가서 못과 망치를 빌려 오라고 시켰다.

얼마가 지났다. 부부가 창밖을 보니 문 앞에서 아들이 쪼그리고 앉아 있는 것이 아닌가? 아빠가 깜짝 놀라서 물었다.

"니, 안 가고 거서 뭐 하노?"

"비도 보슬보슬 오는디, 그 집이라고 그 생각 안 나겄습니꺼."

성욕은 먹고 자는 일과 같은 인간의 기본 욕구이다. 이것은 절대 정숙하지 못하거나 경건하지 못한 세속적인 일이 아니다. 한국 사회에서는, 더구나 기독교인들은 성을 터부시하는 경향이 있다. 그러나 하나님은 부부에게 성이라는 소중한 선물을 주셨다.

성생활은 아름다운 것이다. 만족한 침실이야말로 다음 날 아침 남편의 출근길을 가볍게 한다. 아내의 삶에 활력소를 불어넣어 음식 메뉴가 달라진다. 그러나 만족스럽지 못한 침실은 배우자의 입을 삐죽거리게 하고 생활의 리듬을 망친다. 괜히 짜증나게 한다. 배우자가 왠지 모르게 짜증을 부리고 투덜거리면 부부의 성생활을 점검해 볼 필요가 있다.

남자는 성을 얻기 위해 사랑을 주고, 여자는 사랑을 받으려고 성을 준다는 말이 있다. 이건 남자는 동물이라는 뜻이 아니다. 남자에게도 여자 못지않게 사랑받고 싶은 욕구가 있다. 남자는 그러한 것을 성생활이라는 통로를 통해 얻으려고 한다. 이러한 욕구가 거부당하면 괜히 우울해지고 짜증이 나며 화를 내게 된다.

성생활은 부부만이 누릴 수 있는 특권이다. 기도할 시간을 갖기 위해 합의상 분방하는 게 아니라면 부부가 함부로 독방생활을 하지 말아야 한다. 부부는 서로에 대한 책임을 갖고 있기 때문이다. 배우자로 하여금 마음껏 누릴 수 있도록 만들어주어야 할 의무가 있다. "남편은 그 아내에 대한 의무를 다하고 아내도 그 남편에게 그렇게 할지라"(고전 7:3). 이 의무를 제대로 수행하지 않으면 사탄이 틈탈 수도 있다. 자칫 배우자가 음행으로 나가는 길을 열어줄 수도 있다.

아내는 남편을 돕는 배필이다. 그것은 성생활을 통해 돕는 일도 포함한다. 하나님은 당신을 통해 당신의 남편이 성적 욕망이 넘쳐서 다른 마음을 품지 않도록 보호하신다. 그것은 성적 굴욕감이 아니다. 당신만이 할 수 있는 유일한 특권이자 영광이다. 그럼에도 성은 절제할 때 아름답다. 성은 부부관계 밖에서는 허용되지 않는다. 때때로 부부관계 안에서도 서로를 위해 적절히 절제할 필요도 있다. 배우자의 몸 상태나 환경에 따라서 조정되어야 한다. 특히 성을 잘못된 방향으로 사용하지 말아야 한다. 음란물이나 중독에 빠지지 않도록 조심해야 한다.

힘이 약한 아내가 무기로 사용하는 게 있다. 바로 성생활의 거부이다. 아내는 힘으로 남편을 이길 수 없다. 그래서 밤에 잠자리로 다가오는 남편에게 화풀이를 한다. 이런저런 핑계를 둘러대면서 거부한다. 그런데 그것이 당신의 남편으로 하여금 자존심이 상하게 하고 큰 상처를 준다는 사실도 알아야 한다. 배우자가 외도하는 것은 채워지지 않은 성적 욕구 때문일 수도 있다.

성생활은 일종의 부부 소통방법이다. 소통하지 않는 부부의 성생활은 고통이다. 부부는 육체의 교제 전에 마음과 영혼의 교제를 나눠야 한다. 부부의 만족한 성생활을 위해서는 마음의 침실을 잘 가꿔야 한다. 마음이 통해야 육체도 통하는 법이다. 마음이 열리지 않는데 육체적인 관계를 맺으려 하면 그것은 고통이자 치욕이다. 만족한 성생활은 평소의 친밀감에서 나온다. 마음이 통하지 않으면 만족한 성생활이 이루어지지 않는다. 성의 결합은 단지 육체적인 결합 그 이상이다. 마음과 영혼이 일체 될 때 절정을 이루게 된다.

성생활의 소통이 이루어지면 다른 면에서도 원만하게 소통이 이루어질 수 있다. 부부간에 만족하지 못한 성생활은 부부관계의 다른 부분에까지 영향을 미칠 수 있다. 배우자가 괜히 짜증을 부리면 부부생활에 소통이 제대로 이루어지고 있는지 점검해야 한다. 부부생활이 원만하면 배우자의 입이 싱글벙글한다. 요구하지 않은 것도 척척 나온다.

신혼 시기의 아내들은 말한다. "그 사람은 마치 짐승 같아요. 왜 그렇게 헐떡거리는지 모르겠어요." 그러나 그것도 한때이다. 당신의 남편은 그날을 위해 지금까지 오랜 세월을 참아왔다. 그런 남편도 나이가 들면 달라진다. 40대 후반, 50대가 되면 다가오는 아내가 무서운 때가 있다. 그때가 되면 아내가 이런 말을 할지도 모른다. "이 사람이 마음이 변했나? 예전하고 달라." 도리어 당신이 남편 곁으로 파고들게 될 것이다. 부부는 다가오는 배우자를 떠밀어내지 말고 서로 배려해주어야 한다.

　남자와 여자는 너무 다르다. 다름이 갈등의 요인도 될 수 있지만 매력과 끌림의 요인도 될 수 있다. 부부가 만족한 성생활을 누리기 위해서는 남자와 여자의 성 심리를 이해해야 한다. 남자는 냄비와 같지만 여자는 가마솥과 같다. 남자는 사진 한 장으로 달궈진다. 그러나 여자는 영화 한 편을 봐야 데워진다. 그러니 부부의 만족한 성생활을 위해 남자는 좀 더 천천히 기다림의 미덕을 발휘해야 한다. 남자는 시각지향적이고 후각지향적이다. 그러나 여자는 청각지향적이며 촉각지향적이다. 여자는 분위기와 관계를 중요하게 생각한다. 일반적으로 남자는 여자의 성에 대해 잘 모르고, 여자는 남자의 성에 대해 잘 모른다. 그래서 부부가 서로 대화를 나눠야 한다. 부부가 함께 대화를 나눔으로써 모르던 비밀을 발견하게 되고, 그것을 통해 더 풍성한 부부생활을 만들 수 있다.

　인공지능시대가 도래함으로써 사회적인 변화의 물결이 급하게 일고 있다. 변화의 물결 가운데 하나는 성문화의 변화이다. 앞으로는 사랑과 섹스가 분리될 것이라고 예견한다. 로봇섹스시대가 다가올 것이라는 게다. 스트레스를 날리기 위해, 성적 만족을 얻기 위해, 심심풀이 땅콩으로 로봇과 성적 교류를 가질 것이라는 게다. 그래서 로봇 사창가가 펼쳐질 것이라고 예견한다. 이러한 세속적인 성문화에 하나님이 주신 바른 성문화를 정립하는 일이 필요하다.

감동으로 소통의
문을 열라

　　세월이 흐르다 보면 감정은 무뎌진다. 결혼하기 전에
는 스치는 바람 소리에도 마음이 설레고, 그 사람의 손길만 닿아도
전기가 통했다. 그런데 이제 감성이 다 말라버린 느낌이다. 고달프
고 각박한 삶이 그렇게 만들었다. 그렇기에 행복한 부부는 의도적으
로 서로의 감성을 살려주어야 한다. 그게 감동을 주는 일이다.

　어느 스튜어디스가 결혼을 했다. 그리고 결혼 후 처음으로 외국
취항을 가게 되었다. 그녀는 퇴근 후 남편에게 말했다.

　"자기, 나 외국 취항을 가게 되었어."

　취항 가기 전날이었다. 집에 돌아온 아내는 남편이 김밥을 싸고
있는 것을 보았다. 궁금해서 남편에게 물었다.

　"그게 뭐야?"

　그랬더니 남편이 대답했다.

　"당신이 외국 취항 가는데 맛있게 먹으라고 김밥을 싸는 거야."

　그 말을 듣는 순간, 아내는 벌컥 화가 났다.

　"아니, 기내식 나오는 것도 몰라요? 게다가 냄새나는 김밥을 싸
서 어떻게 하겠다고!"

　이 말을 들은 남편은 아무 말 없이 김밥 기구들을 살며시 옆으로
밀어놓았다.

다음 날, 남편은 결혼 후 첫 외국 취항을 나서는 아내를 배웅하기 위해 나왔다. 남편은 헤어지면서 아내의 손에 무엇인가를 쥐어주고 갔다.

비행기가 이륙한 후 아내는 손에 쥐어진 메모를 읽어보았다.

"여보, 미안해. 사실 나는 비행기를 한 번도 타본 적이 없기 때문에 기내식이 있는 줄을 몰랐어. 그리고 김밥이 그렇게 냄새나는 것이라는 생각을 미처 하지 못했어. 다시 한번 미안해. 사실 나는 당신이 얼마나 자랑스러운지 몰라. 외국에 갔다 오면 나에게 해주던 이야기며, 다른 사람에게 이야기하는 당신 모습이 그렇게 아름답고 사랑스러워. 당신은 내게 최고야. 당신을 사랑해. 이번 외국 취항 즐거운 마음으로 잘 다녀와."

메모지를 읽는 동안 아내는 너무나도 고마운 남편을 생각하며 눈물을 흘렸다. 아내는 고맙고, 한편으로는 미안한 마음으로 취항을 다녀왔다. 아내는 남편에 대한 감사의 마음을 전하기 위해 제주도로 가는 비행기 티켓을 준비해두고 기회를 기다렸다.

아내가 여행을 한다고 김밥을 싸는 남편, 아내가 남편의 마음도 이해하지 못하고 버럭 화를 내는데도 더 큰소리로 고함을 지르지 않는 남편, 그래도 아내를 생각해서 배웅하고 편지를 쥐어주는 남편의 마음. 아내가 그 남편의 마음을 알아주었으면 더 좋았으련만. 마음을 몰라주는 아내를 위해 끝까지 사랑으로 세심한 배려를 하는 남편이야말로 정말로 멋지지 않는가?

오래 전 일이다. 아내가 일주일간 영성훈련을 떠난 적이 있다. 내가 온 집안일을 처리해야만 했던 한 주간이었다. 방학이라 세 아이의 식사를 챙겨주어야 했다. 게다가 방학이라 고등학교 3학년이 된 조카까지 집에 와 있었다. 철부지 세 아이는 깨끗이 정돈하고 뒤로 돌아서면 다시 어지럽혀 놓았다. 그래도 나는 부지런히 집안 청소를 했다. 저녁까지 이어지는 사역, 그뿐만이 아니었다. 당시 몸이 불편해서 병원 치료까지 받아야 했다. 그러다 보니 한 주간 내 정신이 아니었다.

그런데 수요일 저녁에 아내를 아껴주는 어느 사모님으로부터 전화가 왔다.

"목사님, 고생 많으시죠? 그렇게 해주시니 너무 고맙습니다. 그런데 목사님이 격려 편지 한 장 보내주시면 미현 사모님이 너무 좋아하실 거예요."

나는 선뜻 대답했다.

"거기는 아무런 연락이 닿지 못하도록 통신 수단을 두절시켜 놓았잖아요."

그랬더니 "제가 팩스 번호를 가르쳐 드릴게요"라고 하는 것이었다. 그래서 저녁을 먹은 후에 아이들과 모여서 편지를 썼다. 거기에 그림을 예쁘게 그려 넣었다. 다음 날 아침 일찍 아내에게 팩스를 보냈다. 남편의 마음을 아는 듯 아내는 그 편지를 냉장고 문에 붙여두곤 가끔 읽었다.

서로의 감성을 죽이는 부부로 살고 있는가, 아니면 서로의 감성을 살아나게 하는 부부로 살고 있는가? 작은 감동을 만들 줄 아는 부부는 행복하다. 사람은 감동을 먹고 사는 존재이다. 내가 감동받기를 원한다면 배우자 역시 감동받기를 원한다. 그것도 당신에게서.

　감동은 최고의 소통방법이다. 감동을 받으면 얼어붙었던 마음 문이 활짝 열린다. 감동을 받으면 아까운 것이 없다. 오해하던 일도 한순간에 다 풀린다. 그러나 감동을 일으킬 줄 모르는 배우자에게는 마음의 문이 꽉 막힌다.

C · H · A · P · T · E · R · 04
—
따뜻한 감성을
계발하라

어느 금실 좋은 부부가 살고 있었다. 아내는 늘 자기만 사랑하고 다른 여자에게 눈길도 안주는 그런 남편을 무척 자랑스러워했다. 그러던 어느 날, 갑자기 남편이 교통사고로 세상을 떠났다. 아내는 남편을 따라가기로 마음먹고, 죽음 너머의 세계로 남편을 찾아 나섰다.

거기엔 방이 세 개 있었다. 한 번도 바람을 피우고 않고 오직 아내와 가정을 위해 살아온 사람은 장미방, 바람은 가끔 피우지만 큰 사고는 치지 않은 사람은 백합방, 부인 몰래 바람을 많이 피워 여성 편력이 많은 사람은 안개방.

아내는 당연히 남편이 장미방에 있을 거라고 생각했다. 그런데 그 방에는 한 명도 없었다. 이상하다고 생각하면서 백합방에 들어갔다. 그 방에도 남편은 보이지 않았다. 혹시나 하는 마음으로 안개방을 빠끔히 열어보았다. 이게 웬일인가? 자기 남편이 완장을 차고 군기반장으로 있었던 것이다. 너무나 당혹스러웠다. 기대했던 것과는 너무 딴판이어서 실망했다.

서로의 기대에 부응하는 행복한 부부가 되고 싶은가? 그렇다면 감성을 계발하는 부부가 되라. 지금은 감성시대다. 기업에서도 감성경영을 운운한다. 리더십도 감성리더십을 찾는다. 부부에게도 감성을 자극하고 채워주는 일이 필요하다. 실망스러운 부부가 아니라 기대보다 나은 부부가 되기 위해 부단히 노력하면 어떨까?

말할 때 배우자의
마음을 배려하라

어느 토요일 아침이었다. 아내가 거실에서 덜그럭거렸다. 아침부터 무엇인가 열심히 하고 있었다. 나는 세수하고 분주하게 출근준비를 했다. 그 순간, "땡그랑~" 무엇인가 깨지는 소리가 났다. 깜짝 놀라서 거실로 나서니 홍삼기기 안에 있는 유리 용기가 깨졌다.

"아침부터 뭐하는 거야? 왜 정신을 못 차려! 당신은 매사에 왜 그래? 조심하지 않고. 그렇게 덜렁대서 뭘 해먹겠어? 그 그릇이 얼마인데, 당신은 집에 앉아 있으면서 돈 깨먹는 기계야? 아침부터 재수 없으려니까…."

이렇게 말했다면 아내의 심정이 어땠을까? 아마 우리 부부는 아침부터 서로 가슴 아프게 하루를 출발해야만 했을 것이다. 그것을 아는지라 나는 이렇게 말했다.

"당신은 괜찮아? 유리 조심해야겠다. 무거우면 나한테 도움을 청하지 그랬어. 괜찮아, 기계는 다시 사면되지 뭐."

최근 나는 신경쓰는 일이 많았다. 아내는 힘든 남편을 생각해서 홍삼을 달여 먹이려 했고, 홍삼기기를 청소하려고 옮기다가 그 안에 들어 있는 유리 용기를 깨뜨린 것이다. 그래도 아내는 미안한 듯 말했다.

"이게 얼만데…."

"괜찮아. 그거야 또 사면되지 뭐."

사실 속상하기로 말하면 나보다 아내가 더 속상하지 않겠는가? 힘든 형편에 예상하지 않은 돈을 지출해야 하니까. 그런데 남편이 아내의 속상한 마음을 알아주지 않고 자기 감정에서 나오는 대로 말한다면 아내는 무척이나 속상하지 않겠는가? 속상하다고 함부로 말해서는 안 된다. 감정대로야 누가 말하지 못하겠는가? 그러나 행복한 부부는 감정을 추스르면서 말할 줄 안다. 상대방의 마음을 이해하면서, 상대방의 형편을 배려하면서 말이다.

어떤 아내가 운전하다 사고가 났다. 고함을 지르는 상대방 남자 운전자의 기세에 눌려 눈물을 찔끔찔끔 흘리던 아내가 남편의 도움을 받기 위해 전화했다.

"여보~ 나 어떡해?"

"뭔데? 직장에서 일하고 있는 사람한테 전화해서….."

"여보, 나 사고 났어."

"뭐? 차는 얼마나 찌그러졌는데? 당신이 냈어?"

"……."

"일하는 사람한테 전화하면 어떡해? 당신이 알아서 처리해."

"……."

놀란 아내의 가슴이 얼마나 기가 막히겠는가? '내가 이 정도의 대접을 받으면서 이 남자와 살아야 하나? 내 가치가 이 정도밖에 안 된단 말인가?' 아내는 남편의 몇 마디 말 때문에 자신의 자존감을 다 잃고 말았다. '차보다 못한 내가 살아서 뭐하나?'

배려할 줄 모르는 남편의 몇 마디 말은 아내의 자존감을 짓밟고 말았다. 마음은 그렇지 않을지라도, 사실은 아닐지라도 그 말은 아내의 심장에 비수를 꽂았다.

말하는 것도 중요하지만 그 말이 상대방을 배려하는 말이어야 한다. 상대방에게 유익하지 않은 말은 하지 말아야 한다. 더구나 상대방의 마음을 아프게 하는 말이라면 해서는 안 된다. 하고 싶은 대로 말하는 사람과 함께 사는 것은 너무나 서글픈 일이기 때문이다.

매 순간을
감사하며 살라

불행한 사람은 불행한 조건을 가진 사람이 아니다. 감사하는 마음을 잃고 사는 사람이다. 감사는 조건에서 나오는 게 아니다. 물론 좋은 환경을 갖는 게 행복의 조건임은 분명하다. 그러나 그게 행복을 가져다주지는 않는다. 많은 것을 갖고도 불평하는 사람이 있다. 오히려 가진 것은 부족한데 늘 감사하는 마음으로 살아가는 사람도 있다. 행복한 부부는 늘 감사하는 마음을 제조할 줄 안다.

20년 동안 건축현장에서 일을 한 쉰 살의 남자가 있다. 그는 한 여자를 만나 행복한 보금자리를 만들었다. 두 딸을 낳고, 남들이 부러워할 정도로 금실 좋은 부부로 살았다. 싸울 일도 없었다. 그런데 평화롭고 단란하던 가정에 무서운 검은 안개가 몰려왔다. 13년 전의 일이다. 당시 두 살이었던 큰딸은 이웃집 아이들과 싱크대 위에서 놀다가 뒤로 넘어지고 말았다. 급히 병원으로 가서 검사를 했다. 다행히 아무런 이상이 없었다. 하지만 아이의 행동은 점점 둔해졌다. 그 후 정신지체 4급 판정을 받았다. 많이 좋아지기는 했지만 말귀를 잘 못 알아듣는다.

그에게 더 아픈 사건이 다가왔다. 1997년, 그의 아내가 뇌종양으로 사망하고 말았다. 아내는 결혼 전에 뇌종양을 앓았다. 그런데 막내딸을 임신해서 다시 재발한 것이다. 병원에서는 아이를 버리고 산모를 살려야 한다고 말했다. 아내는 그걸 거부했다. 아내의 고집대로 수술을 했고, 수술 과정에서 과다출혈이 있었다.

정말 힘든 세월이었다. 아내는 병원에 있었다. 정신지체인 큰아이를 돌봐줄 사람도 없고, 아무것도 모르는 갓난아이는 칭얼거렸다. 이런 고달픈 세월도 쏜살같이 달려갔다. 아내는 4년 동안의 고달픈 투병생활을 마감하고 급기야 사랑하는 남편 곁을 떠나고 말았다.

남편 곁을 떠나는 아내는 "당신에게 아이들을 맡기고 나는 그만 가요"라는 마지막 말을 남긴 채 눈을 감았다.

그는 아내에게 약속했다.

"재혼하지 않고 아이들이 클 때까지 뒷바라지 할게."

그러나 이제는 그 약속을 지킬 자신까지 없게 되었다. 왜냐하면 또 다른 불행이 다가왔기 때문이다. 2003년 5월, 그는 퇴근길에 갑자기 쓰러지고 말았다. 병원으로 옮겨진 뒤에 4개월 동안 정밀진단을 받았다. 결과는 위암 말기라는 충격적인 소식이었다. 담당의사는 "3개월, 길어야 6개월밖에 살 수 없다"고 선고했다.

그는 말했다.

"정말 담담했어요. 가슴이 막막하지도 않고, 세상이 무너질 것 같지도 않고…."

그래도 그는 8년 전에 자기 곁을 떠난 아내를 그리워하면서 아쉬움을 터뜨렸다.

"수술이라도 제대로 받게 해줬어야 했는데…."

다행히 암이 더 이상 진전되지는 않았다. 그래도 하루하루가 분주했다. 장애를 앓고 있는 큰딸을 돌보고, 철부지 작은 딸을 부양하면서 살았다. 게다가 노숙자들까지 도우면서 살고 있었다. 그러나 감사했다. 매일 새벽 4시 반이면 일어나 단정하게 옷을 차려입고 나갔다. 그에게 더없이 소중하고 행복한 새벽기도 시간이었기 때문이다.

한 남자가 감당하기에는 너무나 험난하고 고달픈 삶이다. 하지만 그는 웃으면서 말한다.

"내일 당장 사라질 수도 있는 육신이 걸을 수 있다는 데 감사하고, 새벽바람이 얼굴에 닿을 때 너무 행복해요."

배우자가 내 곁에 있다는 사실에 감사해야 한다. 내 곁에 있을 때 행복하게 해주려고 애써야 한다. 잃고 나면 그 빈자리가 너무 크다는 사실을 알게 된다. 배우자가 조금 부족하더라도 짜증부리지 말고 내 곁에 살아 있음에 감사하며 아껴주면서 살아야 한다. 작은 일에도 감사하며 살면 어떨까? 감사하다는 말을 듣는 배우자는 너무 행복할 것이다. 감사는 또 다른 감사를 낳는다. 그러나 불평은 배우자의 마음에 아픔과 실망을 낳는다. 불평하는 배우자가 예뻐서 팔을 걷어 부치고 일을 도와주지는 않는다. 짜증부리고 원망하는 배우자를 위해 맛있는 반찬을 준비하고 싶은 사람은 없다.

사랑으로
서로 격려하라

바나바는 격려와 위로를 잘하는 따뜻한 감성을 지닌 사람이었다. 그는 평화주의자였다. 등을 돌린 사람들도 얼굴을 마주 보게 만드는 사람이었다. 그는 싸우기를 싫어했다. 자신이 뒤로 밀려나더라도 얼굴을 붉히지 않았다. 그래서 2인자의 영광에 머물기를 기꺼이 선택했던 사람이었다.

부부는 모두 격려가 필요한 존재이다. 치열한 경쟁의 도가니 속에서 쉴 틈 없이 달려가야 하는 남편과 표시가 나지도 않고, 남편이 알아주지도 않는 육아와 가사에 지쳐 있는 아내는 모두 격려가 필요하다. 더구나 맞벌이 현장에서 지쳐 돌아오는 워킹맘이라면 말할 것도 없다. 이들 모두 배우자의 따뜻한 위로와 격려가 그립다.

그런데 불행하게도 많은 가정이 격려 결핍증을 앓는다. 배우자가 해주는 따뜻한 격려 한마디면 툴툴 털고 일어날 수 있을 텐데, 거친 세파에 휘둘려 정신을 못 차리고 있는 현실이다. 나를 위로하고 격려해주기를 바라면서도 정작 배우자를 위로하고 격려하지는 못한다. 그래서 불행한 동행을 한다.

세계적인 리더십의 대가 존 맥스웰은 「격려」라는 책에서 이렇게 말한다. "따뜻하게 다독이며 위안과 힘을 주는 한마디 격려를 받았을 때 당당한 자세로 옳은 일을 하게 만들고, 모험마저도 기꺼이 헤쳐 나갈 수 있는 힘을 얻게 된다. 이렇듯 격려야말로 세상을 변화시키는 진정한 힘이다." 지쳐 있는 배우자를 벌떡 일으킬 수 있는 격려의 가방을 열어젖히면 어떨까? 배우자가 일어나야 나의 행복도 보장된다.

헨리 포드가 자동차 왕이 되기까지는 쉽지 않은 과정이 있었다. 퇴근 후 그는 집 뒤뜰에 있는 낡은 창고에 처박혀 연구했다. 사람들은 밤을 새우면서 연구하는 그를 보고 미친 짓이라고 비웃었다. 그러나 그의 아내는 달랐다. "그 꿈은 반드시 이루어질 것"이라고 하면서 격려와 믿음을 심어주었다. 겨울밤에는 추위에 떨면서도 남편을 위해 곁에서 등불을 비춰주기도 했다.

헨리 포드가 크게 성공했을 때 어떤 기자가 물었다.

"다시 태어나면 무엇이 되고 싶습니까?"

그러자 그가 대답했다.

"아내와 함께 있을 수만 있다면 무엇으로 태어나도 저는 상관없습니다."

헨리 포드는 훗날 고향에 조그마한 집을 한 채 지었다. 대부호가 살기에는 매우 작고 평범한 집이었다. 주위 사람들이 불편하지 않을까 걱정했다. 그러자 그가 말했다.

"가정은 건축물이 아닙니다. 비록 작고 초라해도 사랑이 넘친다면 그곳이 바로 가장 위대한 집이 됩니다."

디트로이트에 있는 헨리 포드의 기념관에 가면 이런 글귀가 있다고 한다. "헨리는 꿈을 꾸는 사람이었으며, 그의 아내는 기도하는 사람이었다."

남편은 꿈을 꾸고, 그 꿈을 이루게 해달라고 기도하는 아내가 있는 집보다 더 풍요롭고 행복한 집은 없다. 격려는 부부를 하나로 만든다. 그러나 비난과 불평은 부부를 멀어지게 한다. 부부가 뭉치면 가정은 행복하다. 직장이나 사업도 부부가 뭉쳐야 번창할 수 있다. 당신 부부를 사랑의 끈으로 꼭꼭 묶기 위해서는 위로하고 격려하는 습관을 가져야 한다.

미국의 시인이자 소설가인 마야 안젤루가 「딸에게 보내는 편지」에서 한 말을 마음에 새겨보자. "인간의 마음은 워낙 섬세하고 예민해서 겉으로 드러나게 격려해주어야 지쳐 비틀거리는 것을 막을 수 있다. 그런가 하면 또 워낙 굳세고 튼튼해서 한 번 격려를 받으면 분명하고 꾸준하게 그 박동을 계속한다."

희생으로
행복을 일구라

행복은 희생이라는 거름을 통해 만들어진다. 희생하지 않고는 행복한 동행이 어렵다. 예수님의 희생은 인류의 행복을 만들었다. 바울의 희생은 유럽을 복음화시키는 초석을 놓았다.

부부가 행복한 동행을 하기 위해서는 서로의 희생이 필요하다. 사랑은 희생이다. 희생 없는 사랑은 사탕발림에 불과하다. 말과 혀로만 사랑하는 사람은 실망을 준다. 신뢰감을 주는 사랑은 행함과 진실함으로 드러나는 것이어야 한다. 그러한 사랑에는 희생이 깔려 있다.

27년 만에 시력을 회복하여 행복을 일궈가는 가정이 있다. 김인찬 씨는 열다섯 살에 실명했다. 어렸을 때 형과 함께 어깨동무를 하고 TV를 보고 있었다. 그런데 형에게 밀리면서 송곳 같은 것에 한쪽 눈이 찔려서 치료를 했지만 차도가 없었다.

그 후로 학교에 가서 공부할 때 한쪽 눈으로 해야 했다. 심한 피로를 느끼게 되었고 공부하기가 너무나 어려웠다. 설상가상으로 방학 때 공부하다가 연필 가루가 다른 쪽 눈에 들어갔고, 갑자기 눈이 충혈되기 시작했다. 그 후로 눈이 차츰 안 보이기 시작했다. 그러더니 두 눈이 완전히 보이지 않게 되었다.

태어날 때부터 볼 수 없었다면 그러한 인생에 적응했을 것이다. 그러나 두 눈을 멀쩡하게 뜨고 살다가 어느 날 갑자기 시력을 잃으니 견딜 수 없는 아픔이었다. 세상이 무너지는 것 같았다. 학교도 자퇴했다. 그에겐 절망밖에 없었다. 더는 살아갈 소망이 없었다. 그는 매일매일 실의에 빠져 살았다.

그때 아버지가 소 한 마리를 사다주셨다. 소일거리로 소를 키워보라는 것이었다. 그러나 소를 키우는 일도 보통 힘든 일이 아니었다. 수도 없이 소 발굽에 밟히는 고통을 치렀다. 더구나 뿔로 받혔을 때에는 정말 죽고 싶었다.

나이가 들면서 결혼을 하고 싶었다. 그러나 누가 시집을 오겠는가? 그런데 제수씨가 "중국에 가서 맞선을 보고 신붓감을 데려오자"고 제안했다. 첫 번째 맞선을 본 여자에게서 퇴짜를 맞았다. 하나님께 열심히 기도하면서 두 번째 맞선을 보았다. 진심이 통했는지 맞선을 본 상대가 허락해서 중국에서 약혼하고 귀국했다.

하지만 한국에 와서 연락해보니 취소하겠다고 통보해 왔다. 너무나 마음이 아팠다. 그 후에 하나님이 그녀의 마음을 감동시켜주셔서 한국에서 드디어 결혼하게 되었다. 그는 37세에 결혼했다. 하나님은 그들에게 2남 1녀를 주셨다. 너무나 행복했다.

하나님은 그의 시력도 회복시켜 주셨다. 시력을 되찾은 지 1년 7개월이 지났다. 처음 눈이 떠져 아이들을 봤을 때는 너무나도 감격스러웠다. 그는 이렇게 말했다.

"하루하루가 너무 즐거워서 세월이 천천히 갔으면 좋겠어요."

어려울 때 힘이 되어준 아내에게 너무 감사했다. 아내의 희생이 없었다면 이런 행복은 얻을 수 없었다. 그래서 작은 행복이 더 커져가는 가정을 이루겠다고 굳게 다짐했다.

많은 사람이 너무 얄팍한 사랑을 하려고 한다. 이기적인 사랑으로는 행복을 일굴 수 없다. 배우자를 먼저 생각하는 이타적인 마음이 행복을 만들어간다.

어느 가정에 한 남편이 있었다. 아내가 아이를 낳았다. 아이를 낳은 후 이들 가정의 생활은 다 아기에게 맞춰졌다. 기저귀 갈아주기, 우유 먹이고 목욕시키기 등을 해야 했다. 그뿐만 아니라 아이의 교육 때문에 TV도, 음악도 가려서 보고 들어야 했다. 친구를 초대하는 일은 엄두도 내지 못했다. 자신의 호칭도 누구네 아빠로 변해버렸다. 아버지가 된다는 게 쉬운 일이 아니라는 사실은 짐작하고 있었다. 하지만 이 정도로 많은 변화가 따르는 일이라고는 상상도 못했다.

그중에서도 가장 참기 힘든 것은 집안에서 자신의 쉴 곳이 사라져버린 것이다. 그는 컴퓨터 회사에서 일했다. 그래서 집에서 노트북으로 일할 때가 많아 작은 방에서 일도, 독서도 했다. 17평짜리 연립주택이었지만 그 방은 자신만의 공간이었다. 그런데 그 방을 아기에게 빼앗겨버렸다. 아기의 옷장, 장난감, 침대를 들여놓았다. 자신의 책상과 책장까지 다 치우고 모조리 아기를 위해 채워놓았다. 남편은 그동안 참았던 불만을 아내에게 쏟아부었다.

"여보, 책상을 치워버리면 난 도대체 어디서 일하라고? 이 집엔 아이밖에 없나? 왜 나만 모든 걸 희생해야 되는 거야?"

남편은 소리를 꽥 질렀다. 큰소리에 놀란 아이가 깨자 아내는 얼른 안고 안방으로 건너가버렸다. 화가 난 남편은 집을 나왔다. 동네 한 바퀴를 돌면서 생각했다. 그제야 아내가 자신보다 더 많은 희생을 했다는 걸 깨닫게 되었다. 다니던 직장도 포기하고 날씬하던 몸

매도 망가졌다. 자기 시간을 모두 아이만을 위해 쓰고 있었지만 단한 번도 싫은 내색을 하지 않고 자신의 짜증까지 다 받아주었다. 그런데 하찮은 책상 때문에 큰소리를 쳤던 자신이 너무 부끄러웠다.

남편은 사과하기 위해 집으로 돌아가면서 꽃다발을 샀다. 집으로 들어서는데 안방에 있던 아내의 화장대가 거실에 나와 있었다. 화장품은 다 치워졌고, 남편이 일할 수 있게 스탠드와 노트북, 아내와 아기가 함께 찍은 사진이 놓여 있었다. 그리고 아내가 써놓은 쪽지 한 장이 있었다.

"여보, 희생이 아니라 사랑이에요."

아버지 되기란 쉽지 않다. 남편의 자기 헌신이 있는 곳에 행복과 미래가 있다. 아내가 자기 인생을 다 희생할 때 눈물겹도록 행복한 가정이 되었다. 자기의 삶을 포기하고 헌신할 때 그 속에서 위대한 새로운 삶이 시작되었다.

친절로 배우자를
감동시키라

친절한 태도는 다른 사람들을 감동시킨다. 친절은 미워하는 사람의 마음을 얻는 힘을 갖고 있다. 친절한 태도야말로 고약한 사람을 바꾸어놓기도 한다. 행복한 동행을 하려면 친절한 태도를 계발해야 한다. 나의 천성이 어떠냐가 중요한 게 아니다. 행복한 동행을 위해서는 계발하고 훈련하면 된다.

독일에 경건한 크리스천 아내를 둔 부자가 있었다. 그는 술을 무척 좋아했다. 친구들과 술을 마시느라 온 밤을 술집에서 보내는 일이 허다했다. 남편이 늦게 들어오면 아내는 하인들을 잠자리에 들게 하고 자신은 남편이 들어올 때까지 자지 않고 기다렸다. 남편이 들어와도 잔소리나 한마디 불평도 하지 않고 친절하게 맞이했다. 그리고 만취한 남편의 옷을 받아 걸고 조심스레 침대에 눕혔다.

어느 날 밤이었다. 남편은 술집에서 친구들과 더불어 늦은 밤까지 술타령을 하고 있었다. 술에 취한 그는 친구들에게 아내 자랑을 했다.

"내가 장담하건대 이 늦은 시간에도 아내는 자지 않고 나를 기다리고 있을 걸세. 내가 들어가면 아마 대문까지 나와서 우리를 왕처럼 맞이할 걸? 내가 원한다면 저녁상도 거나하게 차려 올릴 거야."

친구들은 믿을 수가 없다고 말했다. 그러나 남편은 끝까지 호언장담했다. 그들은 친구의 요청에 의해 직접 가보기로 했다. 집에 도착했다. 고함을 지르는 남편의 목소리를 들은 아내가 문 앞까지 쫓아 나와 남편을 정중히 맞았다. 한 점 구겨짐도 없는 얼굴빛으로 저녁상까지 차려주었다. 남편과 친구들을 잘 대접한 그녀는 정중히 인사하고 자기 방으로 들어갔다.

아내가 물러가자마자 친구 한 명이 남편을 나무랐다.

"세상에! 자네는 어떻게 된 사람인가? 저렇게 착한 아내에게 어떻게 그렇게 못살게 굴 수 있나? 자네는 정말 나쁜 사람일세."

친구는 식사도 하지 않고 문을 박차고 나갔다. 그러자 다른 친구들도 하나둘씩 떠났다. 친구들이 떠난 방에 홀로 남은 남편은 술이 확 깨버렸다. 잠시 후 남편은 아내가 있는 방으로 건너갔다. 자신의 악함을 뉘우치면서 자기를 위해 기도해달라고 요청했다. 그날 밤 술주정뱅이 부자는 그리스도께 굴복했다. 나중에 아주 헌신적인 그리스도의 제자가 되었다.

기도의 사람 조지 뮬러는 이런 말을 했다. "당신이 구원받지 않은 친척들로부터 고난당할 때 낙심하지 마십시오. 주님은 곧 당신에게 마음의 소원을 불러일으키시며, 그들을 위한 당신의 기도에 응답하실 것입니다. 하지만 그 과정 동안 당신에 대한 그들의 행동을 책망하지 말고, 주 예수님의 온유와 친절, 그리고 자비로움을 그들에게 나타냄으로써 진리를 선전하십시오."

믿지 않는 배우자와 함께 사느라 고생하고 있는가? 불신 가족 때문에 몸과 마음 고생이 많은가? 배우자와 가족을 탓하거나 원망하지 말라. 당신이 선택한 일이 아닌가? 당신이 선택한 것을 후회하면서 무르고 싶은 유혹을 받아서는 안 된다. 당신의 선택에 대해 목숨 걸고 책임져야 한다.

배우자가 때로는 미운 구석도 많을 것이다. 함께 자고 싶지 않은 마음에 베개를 들고 아이 방으로 도망치고 싶을 것이다. 담배 냄새를 풀풀 풍기고 술에 찌들어 있어서 가까이 다가가기도 싫을 것이다. 그러나 회피할 수 없다. 도망쳐서 될 일도 아니다. 그를 녹여야 한다. 그가 바뀔 수 있도록 감동시켜야 한다. 사랑에서 나오는 친절은 무쇠도 녹이는 힘을 갖고 있다. 사랑에 굶주린 사람은 난폭해진다. 그러나 사랑에 배부른 사람은 노래한다. 포기하지 않는 친절한 사랑이 몹쓸 사람을 감동시키는 약이다.

CHAPTER·05

—

갈등을 넘어
조화를 창조하라

부부간의 사랑은 5단계로 익어간다고 한다. 첫째, 황홀한 단계로 결혼생활을 시작한다. 둘째, 조금 살다보면 단점이 드러나 실망의 단계가 온다. 셋째, 그러다가 아이를 낳고 살면서 포기의 단계로 접어든다. 넷째, 미운 정, 고운 정 다 드는 단계로 들어선다. 다섯째, 늙어 가면서 등을 긁어줄 사람이 없어 사는 단계이다. 이런 세월 속에서 부부는 갈등한다. 때로는 부부 싸움도 한다. 부부가 살아가는 울타리가 링은 아니지만 때로는 그렇게 사는 게 현실이다.

어느 날, 한 부부가 서부활극 뺨치는 싸움을 했다. 말이 거칠어지기 시작하더니 끝끝내 서로 엉겨 붙어서 한바탕 활극이 벌어졌다. 그릇 깨지는 소리, 의자 부서지는 소리 등이 나며 한참을 싸우다가 결국 부인이 목놓아 울고 있었다. 그때 초인종이 울리면서 옆집 소년이 큰소리로 말했다.

"아저씨~ TV 프로가 몇 번인지 물어보래요~"

흔히들 부부 싸움은 칼로 물 베기라고 한다. 그렇게 싸우는 중에 심한 상처를 입는다. 그러나 너무 실망할 건 없다. 부부의 갈등이나 싸움을 통해 유익도 얻을 수 있으니까.

이와 관련해서 가정문화원 이사장인 두상달 장로는 이렇게 말한다. "싸울 수 있다는 것은 아직 소망이 있다는 거예요. 싸우지 말라고 말리는 게 아니라 제대로 싸우는 것이 중요하단 거죠. 사랑한다고 갈등이 없는 것이 아니고, 갈등이 있다고 사랑하지 않는 것은 아니니까요. 갈등은 살아 있단 증거입니다."

이제 부부가 갈등을 넘어 조화를 이루는 하모니의 세계로 나아가는 비결을 찾아보자.

자존심을
건드리지 말라

부부는 서로 자존심을 존중해줘야 한다. 자존심을 상하게 하는 일만큼 속상한 게 없다. 자존심은 인간이 살아가는 마지막 보루이다. 행복한 부부로 동행하려면 어떤 상황에서도 배우자의 자존심을 상하게 해서는 안 된다.

고등학교를 졸업한 어느 아가씨가 명문대를 졸업한 청년과 결혼했다. 그런데 남편은 결혼 초기부터 아내를 무시하기 시작했다. 걸핏하면 아내에게 모욕적인 말을 퍼부었다.

"너같이 무식한 여자랑 결혼한 게 내 일생의 가장 큰 실수다."

"식모 취급해주는 것만 해도 다행인 줄 알아!"

남편이 하는 말 한마디 한마디가 아내의 자존심을 짓밟았다. 아내를 폭행하기까지 했다. 때릴 곳이 어디 있다고. 심지어 다른 여자와 자식까지 낳았다. 아내는 그래도 자식 때문에 참으며 살고 싶었다. 그러나 참는 것도 한도가 있다. 결국 결혼생활 49년 만에 이혼하고 말았다. 흔히 말하는 황혼이혼을.

많은 부부가 불행으로 치닫는 원인 가운데 하나는 배우자의 자존심을 손상시키기 때문이다. 누구나 마지막 보루로 지키고 싶은 게 자존심이다. 자존심이 손상될 때 견디기 힘들다. 자기 자존심은 그렇게 소중하게 여기면서 왜 남의 자존심은 무참히 짓밟는 걸까?

어느 전과자가 있었다. 그는 마흔 살이 넘도록 감옥만 드나들었다. 그런 중에 예수님을 영접했다. 정말 몰라보게 변화되었다. 모두가 그를 대견스럽게 여겼다. 그래서 믿음이 좋은 처녀를 소개해주었다. 이들은 결혼해서 행복하게 살았다. 자녀도 낳았다.

어느 날, 부부 싸움을 했다. 사소한 문제로 싸우다가 아내가 무심코 한마디 했다.

"전과자라 할 수 없구먼."

남편의 자존심을 건드리는 말이다. 자존심이 상한 남편은 자기도 모르게 옆에 있던 유리컵을 던지며 소리를 질렀다.

"전과자라고?"

유리컵은 아내의 머리 급소를 쳤다. 아내는 그 자리에서 쓰러져 죽고 말았다. 행복의 보금자리가 한순간에 깨져버렸다. 그는 다시 교도소로 갔다. 아내는 죽었다. 그리고 아이들은 순식간에 고아가 되고 말았다.

어느 부부가 있었다. 아내는 여러 사람이 많이 모인 자리에서 재치 있게 농담을 잘해서 사람들을 곧잘 웃기곤 했다. 그녀는 남편을 진심으로 사랑했다. 그런데 사람들이 모인 자리에서 가끔 남편을 재료로 삼아 농담하는 버릇이 있었다. 마음이 너그러운 남편은 자기 아내의 이러한 농담을 조금도 탓하지 않고 같이 웃곤 했다. 그러나 그런 일이 반복되자 남편은 사람들이 모이는 자리에 아내와 같이 가기를 꺼려하기 시작했다.

아내는 당황했다. 다행히 그녀는 자기가 남편의 마음에 상처를 줬다는 사실을 깨달았다. 그때부터 농담에 능하던 그 재치로 남편을 추켜올려주기 시작했다. 그랬더니 한때 아내의 농담에 흔들렸던 남편은 다시 마음의 안정을 찾게 되었다. 배우자의 자존심을 건드리는 말을 주의해야 한다. 행동보다 더 자존심을 상하게 하는 게 말투이다.

어느 부부가 하는 말을 들어보라. 아내가 남편에게 말했다.

"여보, 당신 오늘 무슨 날인지 알아?"

"바빠."

"바빠? 아니, 당신 요새 나에게 관심이나 있는 거야?"

"나는 식구들을 먹여 살리느라 힘들어 죽겠는데 날은 무슨 날이야?"

"뭐? 누가 들으면 떼돈이나 버는 줄 알겠다. 바쁘긴, 쥐뿔도 못 벌면서 뭐가 바쁘다고."

"이게 왜 아침부터 성질을 건드려, 건드리긴."

"꼴에 자기도 남자라고 자존심은 있나보지?"

"십 년 전에 내 발등 내가 찍은 날, 우리 결혼한 날이다. 왜?"

부부가 행복한 동행을 하려면 상대방의 자존심을 세워주는 말을 해야 하고, 자존심을 짓밟는 말이나 행동은 금해야 한다. 자존심이 상한 배우자의 마음이 편할 리 없고, 상한 마음에서 좋은 말이나 행동이 나올 리도 없다.

힘들어도
조금만 참으라

시시때때로 옥신각신하는 부부가 있었다. 하루도 편할 날이 없었다. '저 부부에게도 행복했던 날이 있었을까?' 싶을 정도였다. 한 달에 한두 번씩 살림을 부수거나 악다구니를 쓰며 싸웠다.

이 정도 되고 보면 남들이 보기에 부끄럽다고 느끼는 게 없는 부부 같다. 저러다 언젠가 남남이 되겠지 싶을 정도다. 그런데 헤어지지 않고 살아가고 있다.

"저 인간은 내 인생에 아무런 도움이 되지 않아. 웬수 같은 인간 이야."

아내는 남편을 거침없이 빈정댄다.

남편 역시 아내라면 고개를 절레절레 흔든다.

"저런 여자랑 사느니 차라리 혼자 사는 게 속편하지."

이들 부부가 싸울 때면 함께 사는 자녀들은 아예 각자 자기 방에 틀어박혀 문밖으로 나오질 않았다. "또 시작했나보다" 하는 식이다.

평소 대화하는 방식도 문제고 싸우는 방법도 문제다. 이들 부부가 살아가는 모습을 바라보던 이웃 사람이 아내에게 한마디 해줘야겠다는 생각을 하고 날을 잡아 말했다.

"남편이 화가 났을 땐 즉시 응대하지 말고 3분만 참아보세요."

"3분? 내가 왜 참아? 못 참아!"

부부가 싸울 때 침묵하는 3분은 분노를 식힐 만한 쿠션이다. 3분을 참을 수 있는 부부라면 그렇게 막나가는 싸움은 하지 않는다. 입에서 나오는 대로 말하다 보면 하지 말아야 할 말이 나오기 마련이다. 부부 싸움을 해도 꼭 해야 할 말만 골라서 하면 괜찮다. 그런데 화가 치밀다 보면 말을 가릴 여유가 사라진다. 그래서 막나가는 분위기를 만든다.

이들 부부는 환갑이 된 나이지만 나쁜 삶의 태도를 버리지 못한 채 살아간다. 다정하게 도란거리는 걸 볼 수가 없다. 세월이 흘러도 나아질 기미가 없다.

그런 아내가 암수술을 해서 한 달 가까이 입원하게 되었다. 열심히 항암치료를 받으면서 몸을 돌봤지만 뜻대로 되지 않았다. 그녀는 서러움에 눈물을 터트렸다. 자신이 그 지경이 되었다는 깃도 서럽고, 더구나 남편의 수발을 받아야 하는 자신의 처지가 서러웠다.

껄끄러운 마음은 남편 역시 마찬가지다. 병간호를 하는 남편은 입이 두세 발 나와서 하소연한다. "엄살이 좀 많아야지. 다른 사람들은 잘만 참더구먼, 왜 그리도 호들갑인지. 짜증내는 건 아무도 따라갈 사람이 없다니까. 가만이나 있으면 안쓰러운 마음이라도 들지…"

부부란 아무리 별 볼일 없어도 마지막까지 등 긁어줄 사람이다. 다소 마음에 들지 않을지라도 서로 맞추면서 사는 게 부부이다. 세상에 마음에 다 드는 부부는 없다. 완벽한 사람은 없으니까. 상대방이 내 마음에 들지 않으면 나도 상대방 마음에 들지 않을 수 있다.

부부가 살다 보면 싸울 수도 있다. 싸울지라도 도가 지나치지는 말아야 한다. 자식들 보기에 부끄럽지 않아야 한다. 남들에게 창피한 수준은 아니어야 한다. 싸움을 하더라도 수준 있는 싸움을 해야 한다. 부부가 왜 그렇게 치열하게 싸우는가? 둘 다 똑같기 때문이다. 한 사람만 양보하면 싸움은 그친다. 서로 이기려고만 하지, 지는 사람이 없으니까 계속 싸우는 것이다. 참기 어려워도 큰 숨 한 번 들이키자. 분노를 식힐 3분만 참자. 꾹 참자. 참는 자에게 행복이 굴러들어온다.

틀린 게 아니라
다른 것뿐이다

한 아내가 부엌에 들어가 보니 남편이 파리채를 들고 어슬렁거리고 있다. 아내가 물었다.

"뭐하는 거예요?"

"파리를 잡고 있잖소."

"그래, 파리를 좀 잡기는 했고요?"

"그럼 잡았지. 수컷 셋하고, 암컷 둘을 잡았지."

아내는 호기심이 일었다. 그래서 다시 물었다.

"그것을 어떻게 알아요?"

"셋은 맥주 깡통에 있었고, 둘은 전화기에 있었거든."

세상에 수많은 사람이 살아가지만 각기 다르다. 부부는 서로 다른 사람이 만나 한 몸을 이루어야 하는 관계이다. 한 몸을 이루기 위해서는 서로 다름을 받아들일 줄 알아야 한다. 그런데 서로 다른 것을 받아들이기가 쉽지 않다. 다른 것을 어색하고 불편해한다. 아니, 다른 것을 틀린 것이라 고집한다. 자신은 옳고 상대방은 틀리다는 것이다. 그러나 다른 것은 차이일 뿐 결코 틀린 게 아니다. 그것을 받아들이지 않으면 갈등이 생긴다.

"악! 이게 뭐야."

어느 날, 나는 욕실을 들어서다 깜짝 놀랐다. 무슨 헛것이라도 본 걸까? 헛것이 아니라 아내를 본 것이다. 사랑스러운 아내를 보는데 왜 그리 놀라나? 아내의 발이 세면대 속에 들어가 있는 게 아닌가?

"당신 뭐하는 거야? 왜 발을 세면대에서 씻어?"

한 깔끔 떠는 나로서는 도저히 이해가 되지 않는 모습이었다.

"발은 밖에서 씻어야지. 어떻게 더럽게….'"

"더럽긴 뭐가 더러워. 발을 씻고 물로 씻으면 되지."

"아무리 그래도 그렇지….'"

언젠가 나는 부부 세미나에서 그 이야기를 하면서 물었다.

"누가 옳은 거예요? 내가 옳은가요, 아내가 옳은가요?"

"그럴 수도 있지요."

그렇다. 그건 옳고 그름이 아니다. 차이일 뿐이다. 내 입장에서는 발은 꼭 밖에서 씻어야 한다. 그러나 아내 입장에서는 세면기를 씻으면 문제가 없다. 그런데 나는 '틀렸다'고 생각한 것이다.

"여보, 거기서 양치질을 하면 어떡해!"

앙칼진 아내의 목소리가 들린다. 이미 60대를 향해 가고 있는 부부이다. 그런데 아직까지 적응이 안 되는 부분이 있다.

"뭐 어때. 싱크대에서 양치질하면 안 되나?"

아내는 남편의 행동을 이해할 수 없다고 한다. 먹을 것을 준비하는 싱크대에서 양치질이라니. 그러나 그게 정답은 아닐 수 있다.

차이를 인정하는 것이 그리 쉬운 일은 아니다. 그것을 인정하는 데까지는 시간이 필요할지도 모른다. 그러나 사고를 전환하면 문제가 없다. 자기 입장에서만 보려는 잘못된 태도가 다른 것을 틀린 것이라고 우기는 것이다. '그럴 수도 있지 뭐'라고 생각하면 진짜 별일 아니다. 별일 아닌 것을 가지고 피터지게 싸울 필요는 없다.

그래서 어거스틴은 말했다. "본질적인 것에는 일치를, 비본질적인 것에는 자유를, 나머지 모든 것에는 사랑을!" 그렇게 중요하지 않은 것을 두고 다투며 싸울 필요가 없다. 자기만 옳다고 독선을 부릴 이유도 없다. 별로 대수롭지도 않은 일 때문에 두 사람의 관계에 금이 갈 정도로 목숨 걸고 싸우는 건 어리석은 짓이다.

상처를 주지 않게
지혜롭게 싸우라

정신의학자 폴 트루니에 박사가 일본에서 강의할 때였다. 한 사람이 그에게 질문했다.

"교수님도 부부 싸움을 하신 적이 있습니까?"

"부부 싸움을 하는 건 당연하지 않습니까? 때린 적도 있습니다."

사람들은 깜짝 놀랐다. 그러자 그가 계속해서 말했다.

"전혀 싸움을 하지 않았다면 거짓말이거나 어느 한 편이 완전히 주저앉았기 때문이오."

아주 드물기는 하지만 이렇게 말하는 사람들이 있다.

"우리 부부는 한 번도 싸우지 않고 산다."

이런 말을 하면 사람들은 얄밉다는 투로 빈정댄다.

"거짓말하고 있네. 세상에 부부 싸움을 한 번도 안하고 사는 사람이 어디 있냐?"

안 싸우고 산다는데 구태여 '그럴 수는 없다'고 말할 필요는 없다. 그렇게 살지 못하는 사람이 문제인 것이다.

부부 싸움이란 수위의 문제이기도 하다. 어느 정도를 부부 싸움이라고 볼 것인가 하는 문제이다. 사실 우리 부부도 싸우지 않고 살아간다. 물론 갈등을 겪지 않는 건 아니다. 그러나 그렇게 가슴 아프게 하고 상처를 안겨주며 살지는 않는다. 우리 부부 나름의 노하우를 얻었기 때문이다.

지금은 고인이 되었지만 별세목회를 주창했던 이중표 목사님이 이런 이야기를 한 적이 있다. 사모님은 살기가 힘들어서 네 번이나 집을 나갔다. 그때 이중표 목사님은 자신에게 두 가지 문제가 있음을 발견했다.

하나는 부모로부터 받은 내재적인 자아가 자신에게 있었다. 그는 어린 시절을 보내면서 어머니가 아버지의 뜻을 따라 무조건 포기하고 희생하며 아버지에게 맞추면서 사는 것을 보았다. 그래서 자신도 자연스럽게 그렇게 사는 게 부부의 도리인 줄 알고 살았다.

다른 하나는 목표 성취를 위해 집념하는 자아가 있었다는 것이다. 그는 오직 교회 부흥이라는 성취지향 목표로만 나아갔다. 그러다 보니 아내에 대한 관심과 사랑을 보여준 적이 없었다. 철저하게 자기중심적으로 산 것이다. 그러니 아내가 못살겠다고 네 번이나 집을 나간 것이다.

부부 싸움이 잦다면 그 원인을 살펴봐야 한다. '우리 부부가 싸우는 원인이 도대체 무엇인가?' 원인을 규명해서 치유책을 찾아야 한다. 사실 부부 싸움을 하는 사람들을 보면 습관적으로 싸우는 것도 사실이다. 조금만 참으면 별 문제가 아닌데 화부터 발끈 낸다. 누군가 달아오르는 그 자리를 피해주면 치밀어 오르던 상대방의 감정도 잠재울 수 있다.

설령 부부 싸움을 하더라도 둘 다 이기는 싸움을 해야 한다. 배우자를 힘으로 이기려는 사람처럼 바보는 없다. 부부간에 이겨서 뭐하겠는가? 지는 게 이기는 것이다. 배우자의 마음에 못을 박아서 얻을 게 뭔가? 부부 싸움을 할 때 지켜야 할 일정한 룰을 정하면 좋다. 건설적인 부부 싸움을 위해 몇 가지 제안하려고 한다.

- 어떤 경우에도 비폭력적이어야 한다. 물론 고함도 치지 말아야 한다.

- 가정이라는 울타리 안에서만 싸워야 한다. 각 방을 쓰거나 친정 도피, 혹은 차량 도주 등을 피해야 한다.
- 부정적인 말이나 극단적인 단어들을 피해야 한다. 입술의 30초가 가슴의 30년이 된다는 말이 있다.
- 감정의 맞불작전을 피해야 한다. 화가 치밀다 보면 감정적으로 대하게 된다. 결국 감정싸움으로 들이치면 심각한 상태로 치닫게 된다.
- 문제만 공격하고 사람을 공격하지 말아야 한다. 상대방을 무시하지 말고 인격적인 모독을 해서는 안 된다. 특히 배우자의 치부나 약점을 공격하지 말아야 한다.
- 비교하고자 하는 욕망을 제거해야 한다. 다른 사람과 비교당하는 사람은 자존심이 상하게 된다.
- 물귀신 작전을 쓰지 말아야 한다. 아무리 좋은 말이라도 앙코르 방송을 듣고 싶은 사람은 없다.
- 하루 만에 끝내야 한다. 감정이나 문제 자체를 며칠씩 가지고 가지 말아야 한다. 분을 품고 자면 그다음에는 더 큰 행동으로 자라게 된다.
- 먼저 사과하는 용기를 가져야 한다. '나 진술문'을 사용하고 '너 진술문'을 사용하지 말아야 한다. "너 때문에"라는 말만큼 듣기 싫은 말도 없다.
- 자녀들 앞에서 과격하게 싸우지 말아야 한다. 불가피하게 자

녀들 앞에서 싸울 때에는 신사적으로 갈등을 해결하는 모습을
보여주어야 한다.

- 우리 부부만의 싸움 지혜와 기술을 갖는 것이 좋다. 지혜와 기
술만 발휘하면 부부 싸움은 별 문제가 되지 않을 수 있다.

- 우리 부부가 하나님의 사람이라는 사실을 명심해야 한다. 부
부 싸움을 해야 할 상황 속에서 "너 하나님의 사람아"라고 하
는 음성을 마음에 떠올린 후에 싸움에 돌입하면 어떨까?

배우자를 위한
보약을 준비하라

지혜로운 사람은 배우자를 위해 보약을 들고 들어온
다. 그러나 어리석은 사람은 자기가 먹을 보약을 지어서 들고 온다.
자기가 먹겠다고 보약을 지어오는 그 사람을 보는 순간 '내가 왜 저
런 인간과 살고 있나?' 하는 생각이 든다. 배우자를 먹이겠다고 보
약을 지어오는 것을 보는 순간 '역시 난 결혼 하나는 잘했어!' 하고
눈물을 글썽인다.

혹시 돈이 없어서 배우자에게 보약을 지어주지 못하는가? 사실
은 돈이 문제가 아니다. 마음의 문제일 것이다. 돈을 안 들이고 배우
자에게 지어줄 수 있는 보약을 소개하고자 한다.

아내가 챙기면 좋을 '남편을 위한 보약 30첩'을 소개한다.

- 여보, 사랑해요.
- 여보, 아이가 당신 닮아서 저렇게 똑똑한가 봐요.
- 내가 시집 하나는 잘 왔지.
- 나는 복 받은 여자야.
- 당신이라면 할 수 있어요.
- 여보, 내가 당신을 얼마나 존경하는지 모르죠?
- 역시 당신밖에 없어요.
- 내가 시어머니 복은 있나 봐요.
- 여보, 작전타임 아시죠?
- 당신이라면 뭐든지 할 수 있어요.
- 다리 쭉 뻗고 낮잠이라도 푹 주무세요.
- 이제는 쉴 때도 되었어요.
- 당신 덕분에 이렇게 잘살게 되었잖아요.
- 여보, 당신 곁에는 사랑하는 가족이 있는 거 아시죠?
- 이제 제가 나서볼게요.
- 여보, 여기에 보약 한 첩 지어두었어요.
- 당신만 믿어요.
- 건강도 생각하세요.
- 당신 없인 난 하루도 못 살 거야.
- 여보, 고마워요.

- 당신은 언제 봐도 멋있어요.

- 세상에 당신 같은 사람이 또 있을까?

- 당신이니깐 내가 이렇게 살지.

- 당신은 다른 남자들과는 질적으로 달라요.

- 역시 수준 있네요.

- 어떻게 그런 생각을 다 했어요?

- 당신은 하나님 바로 다음이에요.

- 다시 태어나도 당신밖에 없어요.

- 당신을 위해 이렇게 꾸몄는데, 나 예쁘죠?

- 당신 품에 있을 때가 제일 편안해요.

그렇다면 이제 남편이 챙기면 좋을 '아내를 위한 보약 30첩'도
알아보자.

- 당신, 갈수록 더 멋있어.

- 당신 음식 솜씨는 정말 일품이야.

- 역시 나는 아내 복이 많아.

- 당신 왜 이리 예뻐졌어?

- 역시 장모님밖에 없어.

- 여보, 사랑해요!

- 다 당신 기도 덕분이야.

- 당신 옆모습은 마치 그림 같아.

- 당신은 애들 키우는 데 타고난 소질이 있나봐.

- 언제 이런 것까지 배웠어? 대단하네!

- 당신을 보고 있으면 감탄사가 저절로 나와.

- 눈에 넣어도 아프지 않아.

- 당신은 못하는 게 없네.

- 당신은 멀리서도 한눈에 띄어.

- 당신은 뭘 입어도 폼이 난다니까.

- 처녀 때나 지금이나 변함이 없어.

- 갈수록 더 예뻐지는 것 같아.

- 당신은 웃을 때 사춘기 여고생 같아.

- 어? 당신 보조개 들어가!

- 내가 당신을 안 만났으면 어떻게 되었을까?

- 내가 당신 때문에 눈만 높아졌지 뭐야.

- 다른 사람은 다 시시해 보이는 거 있지.

- 당신 장모님 닮아서 그렇게 이해심이 넓은 거 맞지?

- 학창시절 당신 때문에 마음 졸인 놈 한둘이 아니었겠다.

- 난 아직도 연애할 때 생각하면 마음이 막 떨려.

- 모델 뺨치겠는데?

- 당신 잠든 모습 보면 천사 같아.

- 아마 당신 같은 사람 찾아내는 거 쉽지 않을 걸?

- 당신 마음 씀씀이를 보면 내가 부끄러워질 정도야.

- 당신 기억력 보통이 아니야!

그럴듯하지 않은가? 배우자로부터 받고 싶은 보약 아닌가? 이게 바로 부부의 갈등 해소를 위한 최고의 처방이다. 자, 이제 늦추지 말고 당장 실천으로 옮겨보자. 배우자의 얼굴과 태도가 달라질 것이다. 돈 안 드는 것을 가르쳐 주었는데 그래도 못하겠다면 행복한 동행은 아예 포기해야 한다. 행복한 동행은 그런 사람의 몫이 아니다.

C·H·A·P·T·E·R·06
—
배우자가 원하는
사람이 되라

결혼 적령기에 들어선 손녀가 할머니와 결혼에 대해 이야기하고 있었다. 이런저런 이야기를 나누다 손녀가 할머니에게 물었다.

"할머니, 다시 태어난다면 할아버지와 또 결혼하실 거예요?"

그러자 할머니는 망설임 없이 대답했다.

"오냐, 그럴 게다."

손녀는 할머니의 대답에 존경스러움을 느꼈다.

"할머니는 할아버지에 대한 사랑이 정말 깊으시군요."

그러자 할머니는 '넌 철들려면 아직 멀었구나' 라고 생각하며 대답했다.

"다 그놈이 그놈이여…."

그놈이 그놈이라고는 하지만 사실 엄청나게 다르다. 어떤 배우자를 만나느냐에 따라 인생이 너무 달라진다. 한 사람을 만나서 화려해지는가 하면, 한 사람을 잘못 만나서 너무나 초라해지기도 한다.

당신의 배우자를 화려하게 만들어주고 싶은가? 그렇다면 '배우자가 원하는 사람'이 어떤 사람인지 알아보면 된다. 서로 '배우자가 원하는 사람'이 되어주려고 노력하면 당신 부부는 분명히 행복한 동행을 즐길 수 있을 것이다.

배우자를 위해
시간을 내주라

복잡하고 바쁜 세상에서 부평초처럼 이리저리 흘러 다니다 보면 금세 인생 졸업반이 된다. 그때 사람들은 후회한다. '내가 왜 그렇게 살았던가?' 언젠가 후회하지 않으려거든 인생의 우선순위를 분명하게 설정해야 한다. 짧은 시간을 효율적으로 투자해야 한다. 그렇지 않으면 중심이 무너진 흔들리는 인생을 살게 된다.

당신이 가치를 두고 있는 게 무엇인가? 그 가치가 당신의 시간을 훔쳐가게 된다. 회사일이나 세상일에 가치를 두는 사람은 평생 그것을 쫓아가다가 종착역에 도착하고 만다. 유흥이나 취미활동에 가치를 두는 사람은 그런 유의 모임이나 일을 추구하게 된다. 그런데 우리 주변에 살았던 사람들의 이야기를 들어보라.

자동차 왕이라 불리는 헨리 포드는 역사상 가장 뛰어난 경영자

중 한 명이다. 그는 매우 인간적인 경영자였다. 사업이 엄청난 성공을 거두었다. 그렇게 얻은 많은 수익으로 자신의 공장 노동자들의 임금을 대폭 올려주었다. 가난한 하층민으로 여겨졌던 공장 노동자들이 여유 있는 생활을 하게 되었다. 그들은 자신들이 만든 차를 구입할 수 있게 되었다.

헨리 포드가 은퇴 후 어느 파티에 참석했다. 수많은 사람이 일생에 걸쳐 엄청난 성공을 거둔 그의 이야기를 듣고 싶어 했다. 그중 한 사람이 물었다.

"선생님! 일생 동안 많은 성공을 이루셨는데, 그중 가장 중요한 성공은 어떤 것이라고 생각하십니까?"

순간 많은 사람의 이목이 집중되었다. 그는 일말의 망설임도 없이 대답했다.

"그것은 나의 가정입니다."

그에게 가장 중요한 것은 사업보다 가정이었다. 가정이야말로 인생의 버팀목이다. 안식과 활력을 얻을 수 있는 곳도 가정이다. 가정이야말로 축복 중의 축복이다. 그렇기에 인생의 승리를 위해서는 무너지고 상처 난 가정을 사랑과 격려가 가득한 가정으로 만들어야 한다.

영국의 역사가 토머스 칼라일은 그의 비서인 제인 웰시와 결혼했다. 결혼한 지 몇 년 뒤, 그의 아내 제인이 중병에 걸리고 말았다. 칼라일은 왕성한 활동을 하고 있었다. 매일 정신없이 바쁜 일과를 보냈다. 그러다 보니 본의 아니게 병든 아내와 충분한 시간을 갖지 못했다.

몇 년이 지나 아내 제인은 눈을 감았다. 칼라일은 아내의 장례를 마치고 집으로 돌아왔다. 너무나도 허전했다. 온 세상이 텅 빈 느낌이었다. 이제야 아내의 빈자리가 실감났다. 그는 아내 방으로 올라갔다. 그때 우연히 아내의 일기장을 발견했다. 거기에는 이런 내용이 적혀 있었다.

"어제 남편은 나와 한 시간이나 같이 있어 주었다. 나는 하늘을 날아갈 듯 행복했다. 나는 남편을 너무 사랑한다."

이 편지를 본 칼라일은 충격을 받았다. 자기 일에 몰두하고 사느라 아내가 얼마나 자기를 필요로 하는지 몰랐던 것이다. 제인의 일기장을 계속해서 넘기며 또다시 가슴이 무너지는 대목이 있었다.

"나는 남편이 집으로 오는 발자국 소리를 듣기 위해 온종일 귀를 기울이고 있었다. 그러나 이미 너무 어두워졌구나. 오늘은 못 오는 모양이다."

이 글을 본 그는 밖으로 뛰쳐나갔다. 교회 마당에 있는 아내의 무덤 옆에 꿇어앉아 울고 또 울었다.

"내가 이 사실을 좀 더 일찍 알았더라면…."

사랑하는 가족에게 시간을 내주지 못한 것은 무엇으로도 변명할 수 없다. 후회로 되돌릴 수 있는 일도 아니다. 이미 지나간 세월이다. 그렇다면 당신은 무엇 때문에 분주한가? 요즘은 맞벌이를 하지 않으면 살아낼 수 없는 시대를 살고 있다. 아이를 좀 키워놓은 부부들도 맞벌이 현장으로 달려간다. 맞벌이를 하지 말라고 하고 싶지는 않다. 사실 우리 주변에는 직장에서 살아남기 위해 불철주야로 정신없이 살아가는 가련한 가장이 많다. 직장에서 퇴출되지 않고 버티기위해 애쓰는 그들을 생각하면 눈물이 날 정도로 가슴이 아프다. 그래서 어떻게 하든지 그들의 축 처진 어깨를 받쳐주고 싶다. 이런 고달픈 삶에 백지장을 마주 드는 게 얼마나 큰 힘이 될지 우리 모두가알고 있다. 그럴지라도 맞벌이를 할 수 밖에 없는 부부들에게 그래도 가정을 뒷전으로 내팽개치지는 말라고 당부하고 싶다. 왜냐하면다른 것을 다 붙잡아도 가정을 잃으면 더 처량해지기 때문이다.

가정을 든든히 지키기 위해서 우선순위를 정해야 할 또 다른 것이 있다. 바로 부부라는 것이다. 어떤 관계도 부부보다 우선일 수는없다. 한국 남성에게는 부모라고 하는 존재가 매우 중요하다. 그래서 '아내는 갈라서도 또 얻을 수 있지만 부모는 그럴 수 없다'고 생각하는 사람들도 있다. 하지만 그렇지 않다. 부모가 너무 소중한 존재이긴 하지만, 그래서 꼭 효도해야 하지만 그렇다고 배우자보다 앞설 수는 없다.

한국 여성의 모성애는 세계적인 수준이다. 배우자보다 자식을더 소중하게 생각한다. 설령 그렇지 않다 해도 실제 행동에서는 남편이 자식들에게 밀려나는 경우가 잦다. 그래서 남편들이 푸념하는소리를 듣게 된다. "퇴근해서 집에 가면 난 안중에도 없어요." 그러나 그래서는 안 된다. 남편의 자리를 찾아주어야 한다. 자식도 중요하지만 남편보다 더 중요하지는 않다. 자식에게 몰두했다가 뒤늦게 눈물 흘리는 사람들이 적지 않다.

부부관계가 불편해지면 부모에 대한 효도도 필요 없다. 부부간에 불화가 있으면 자식들도 귀찮아진다. 부부관계가 좋아야 부모에게도 제대로 효도할 수 있고 자녀에게도 애정을 쏟을 수 있다. 그렇기에 부부는 우선적으로 부부관계를 행복하게 만들어야 한다. 부부가 행복하면 다른 가족관계는 저절로 풀리는 법이다.

우선순위를 가정에 두어야 한다. 행복한 가정을 만들기 위해 부부간의 행복한 동행부터 챙겨야 한다. 배우자는 당신의 시선이 자신에게 머물기를 원한다. 당신의 시간이 자신에게 쏟아지기를 바라고 있다. 돈을 안겨주는 것보다 마음과 시간을 내주어야 한다.

서로 아끼면서
살라

〈세상에 이런 일이〉라는 프로그램에 재미난 이야기가 소개된 적이 있다. 제목이 '14년 된 새 차?' 였다. 상상이 되는가? 14년 된 차가 어떻게 새 차일 수 있겠는가? 그런데 그 비결이 소개되었다. 바로 차를 아끼는 것이다.

차 주인은 자신의 차를 너무나도 아낀다. 흙 묻은 신발을 신고 차에 들어가는 것은 금지되어 있다. 누군가 차 안에서 커피나 음료수를 마시면 기겁을 한다. 시간이 있을 때마다 차를 쓸고 닦는다. 심지어 면봉으로 구멍 사이에 있는 먼지까지 닦는다. 차바퀴 사이에 낀 자그마한 돌까지 빼준다. 물론 아무 때나 차를 운행하지도 않는다. 중요한 날만 운행한다. 그야말로 차를 금이야 옥이야 자식처럼 사랑한다.

아내가 이 프로그램을 보면서 말했다. "아이고, 어떻게 저렇게 살아!" 물론 그 차 주인은 특이한 사람이다. 그러나 생각해본다. 부부간에도 저렇게 사랑하고 아끼는 마음이 있다면 얼마나 행복할까?

외국에 있는 어느 아들이 결혼을 하게 되었다. 그래서 아버지가 축하 편지 한 통을 쓰기 시작했다. 남편이 사랑하는 자식에게 뭐라고 편지를 쓰는지가 궁금했던 아내는 남편 옆에 다소곳이 앉아서 편지 내용을 읽고 있었다. 남편이 편지를 써내려갔다.

"결혼은 참으로 달콤하고 행복한 것이다. 아들아, 너는 참으로 소중한 결단을 했다. 이 아버지가 행복하듯이 너도 반드시 행복할 것이다. 아버지의 가정생활이 멋있듯이 너도 반드시 멋있는 삶을 살아가게 될 것이다."

아내가 남편의 편지를 읽다가 흐뭇해서 밖으로 나갔다. 그때 남편이 재빨리 PS(첨언)했다.

"방금 네 엄마가 나갔다. 이 멍청아, 결혼은 무덤이야. 너는 이제부터 죽었다."

그리고 아내가 오기 전에 편지를 봉했다. 아내는 그것도 모르고 편지를 얼른 우체통에 집어넣었다.

사람들은 말한다. "해도 후회하고 안 해도 후회하는 것이라면 한 번 해보고나 후회하자." 그러나 그건 너무 불행한 결혼생활이다. 우리가 원하는 것은 후회할 정도의 결혼생활이 아니다. 결혼하고 후회하지 않아야 한다. 행복한 동행을 이루어야 한다. 그게 하나님이 원하시는 부부의 삶이다.

사람들은 "애인이 없으면 팔불출이다. 천연기념물이다"라고 말한다. 그러나 자기 배우자 외의 다른 이성에게 눈길을 주는 것은 정말 어리석은 짓이다. 아무리 좋아 보인들 하나님이 짝지어주신 배우자만큼이야 하랴?

배우자에게는 퉁명스러운데 다른 사람들에게는 너무나 잘해주는 사람이 있다. 배우자의 기분이 얼마나 상할까? 배우자 하나 즐겁고 행복하게 못해주는 사람이 누구는 기분 좋게 하랴! 배우자 하나 행복하게 못해주면서 다른 사람들에게 잘해주는 건 바보 같은 짓이다. 다른 사람들에게 잘해주어야 한다. 그러나 그 전에 가까운 사람에게 더 잘해주어야 한다.

어떤 사람은 "자식 때문에 마지못해 산다"라고 말한다. 자식 때문에 어쩔 수 없이 산다? 행복해야 할 결혼생활이 너무 초라하지 않은가? 아름다운 결혼생활이 너무 구차하지 않은가? "당신 없으면 난 안 돼!"라는 고백쯤은 하면서 살아가야 하지 않겠는가?

배우자를 아껴주어야 한다. 내가 아껴주지 않으면 아껴줄 사람이 없다. 배우자는 다른 사람이 나보다 더 아껴주면 절대로 안 되는 존재이다. 생각하면 할수록 소중한 존재가 아닌가? 아까운 보배를 아무렇게나 다루는 사람이 있는가? 고려청자나 이조백자를 함부로 다룬다면 그는 이상한 사람이다. 나의 배우자가 고려청자나 이조백자보다 못하단 말인가? 아껴야 한다. 소중하게 대해야 한다. 그게 행복한 동행을 하는 비결이다.

이런 우스갯소리가 있다. 20대는 재미없으면 이혼을 당한다. 30대는 "밥 줘~" 하면 이혼을 당한다. 40대는 "어디 가냐?"고 물으면 이혼을 당한다. 50대는 "나도 같이 가면 안 돼?"라고 요구하면 이혼을 당한다. 60대는 살갗만 닿으면 이혼을 당한다. 70대는 존재 자체가 이혼 사유다.

세상에 이혼당할 이유도 많다. 부부가 사는 게 이런 거라면 정말 불행하다. 부부는 헤어질 어떤 이유도 허용해서는 안 된다. 사탄은 자꾸 헤어질 이유를 둘러대도록 유혹한다. 그러나 완강히 거부해야 한다. 그래야 행복한 동행자로 살아갈 수 있다. 그는 헤어질 사람이 아니라 아껴주어야 할 사람이다.

서로에게 꼭 필요한
사람이 되라

세상에 공짜는 없다. 행복에도 공짜는 없다. 노력하고 헌신하는 부부가 행복의 열매를 얻을 수 있다. 한 사람이 노력하는 것보다 두 사람이 함께 노력하는 게 훨씬 더 좋다. 한 사람만 일방적으로 노력하다 보면 반드시 낙심하고 상처받게 된다. 그러나 두 사람이 함께 노력하면 즐겁고 행복하다.

가정생활 강의로 유명한 제임스 해치 교수는 가정의 행복을 위해 세 가지 노력이 필요하다고 강조한다.

첫째, 입을 열라. 무수한 말보다 상대의 마음을 이해하고, 내 중심을 표현하는 구체적이고 진지한 대화를 많이 해야 한다.

둘째, 귀를 열라. 가족 구성원 안에서 최고의 기쁨이 되는 것은 상대의 말을 진지하게 들어주는 일이다. 귀를 닫아버리면 상대의 인격을 무시하는 행위다.

셋째, 함께 계획을 세우라. 작은 일이라도 함께하라. 아무리 좋은 일도 독단적으로 처리하지 말고, 부부간의 대화를 통해 의논하는 것이 행복을 이루는 길이다. 특히 아내는 관계지향적이기 때문에 그 어떤 목표의 성취보다도 그것에 접근하는 관계 속에서 만족을 얻을 수 있어야 한다. 부부란 서로에게 꼭 필요한 사람이 되어주는 것이다.

리빙스턴은 유명한 탐험가이자 아프리카 선교사였다. 그가 선교

여행을 하던 중에 아내가 죽었다는 소식을 들었다. 남편과 동고동락하면서 수차례 위험한 선교현장을 누비곤 했던 아내였다. 그런 아내가 잠베지 강 부근 마을에서 병으로 쓰러졌다는 것이다.

아내의 소식을 들은 리빙스턴은 좀처럼 슬픔을 가누지 못했다. 그래서 친구인 로드릭 미치슨에게 자신의 심경을 토로했다. "지금 나는 너무나도 큰 충격에 심장이 멎을 것만 같네. 지금까지 어떤 어려움이 있어도 그녀가 있었기에 견딜 수 있었는데, 이젠 살아갈 용기가 없네. 아내와 나는 4년이나 떨어져 지냈고, 같이 지낸 시간은 고작 석 달뿐이었네. 그녀를 사랑했고, 오래 살면 살수록 우리의 사랑은 더욱 깊어졌다네. 참으로 훌륭한 아내였네."

부부란 이런 것이다. 즉 멀리 떨어져 있어도 서로의 마음에 큰 위로가 되는 존재이다. 서로를 위해 대단한 역할을 해주는 것도 중요하다. 하지만 그 전에 어디에 있든지 서로에게 큰 위로와 격려가 되는 존재가 되어야 한다.

멋진 아내는 단순히 가사를 꾸려가는 존재가 아니다. 남편의 훌륭한 반려자가 되어야 한다. 때로는 정신적으로 큰 도움을 주어야 한다. 때로는 친구로서의 역할을 해내야 한다. 필요하다면 남편이 하는 일에 큰 조력자가 되어야 한다.

프란시스 휴버는 스위스의 생물학자이다. 그는 열다섯 살에 실명했다. 그런데 휴버가 저술한 「벌」은 지금도 많은 사람에게 읽히고 있다. 시각장애를 가진 사람이 어떻게 꿀벌에 대해 그렇게 깊이 있는 관찰할 수 있었을까? 그것은 그의 아내가 조수 역할을 잘 감당해 주었기 때문이다.

그의 책은 실명한 지 25년이나 지난 사람이 쓴 글이라고는 도무지 믿어지지 않는다. 벌의 생태에 관한 관찰기록은 대단히 뛰어난 시력을 가진 사람이 썼을 것으로 생각될 수밖에 없다. 그럼에도 그런 작품을 남길 수 있었던 것은 아내의 역할이 컸기 때문이다.

좋은 아내는 남편의 마음에 커다란 위안을 주는 존재이다. 남편이 아무리 힘들고 어려운 처지에 있어도 그를 아껴주는 아내가 있기에 용기를 낼 수 있다. 결혼생활을 하다 보면 재난과 괴로움도 따르게 마련이다. 혼자 살기에도 벅찬데 두 사람이 결합했으니 어쩌면 역경과 재난을 두 배로 치러내야 하는지도 모른다.

그런 시련을 이겨내는 과정에서 두 사람의 사랑은 더욱 돈독해진다. 때로는 아무 시련이나 장애 없이 평범하고 밋밋한 일생을 사는 게 축복처럼 여겨질 수도 있다. 그러나 부부에게 닥치는 시련과 역경은 두 사람의 사랑을 더 강하게 결속시켜주는 데 도움이 된다.

행복한 가정을 만들기 위해서는 부부가 함께 노력해야 한다.

남편이 해야 할 역할이 있다.
– 아내를 귀중히 여기라.
– 아내를 연약한 그릇처럼 여기라.
– 칭찬에 인색하지 말라.

- 작은 일에도 관심을 가지라.

- 아내의 존재 가치를 인정해주라.

- 아내를 인격적으로 사랑하라.

- 아내를 다른 여성과 비교하지 말라.

- 아내를 기다리게 하지 말라.

- 밝은 웃음으로 귀가하라.

- 천국까지 동반할 사람이라는 동반자 의식을 가지라.

그렇다면 행복한 가정을 만들기 위해 아내가 해야 할 역할은 무엇일까?

- 남편을 왕처럼 모시라.

- 돕는 배필이 되라.

- 남편을 만족시켜주라.

- 지혜를 발휘하라.

- 불평을 늘어놓지 말라.

- 남편의 비밀을 지켜주라.

- 남편을 다른 이와 비교하지 말라.

- 다툼에서는 일단 양보하라.

- 남편의 수고를 인정하라.

- 순종과 복종의 자세를 가지라.

부부는 서로의 자리를 잘 지켜주어야 한다. 그 자리에서 자신이 해야 할 역할을 잘 감당해 줄 때 배우자는 행복한 웃음을 지을 수 있다. 자기 역할을 하되 상대방 지향적인지를 고려해야 한다. 한 사람의 노력만으로는 안 된다. 두 사람 모두 공동선을 향한 헌신을 아끼지 말아야 한다.

상대의 마음을
움직이라

바람이 차가운 어느 날, 경상도 여자와 서울 남자가 공원에서 데이트를 했다. 추위를 느낀 경상도 여자는 남자가 겉옷을 벗어 걸쳐줄 것으로 기대하고 남자에게 물었다.

"춥지예?"

"별로 안 춥습니다."

남자가 너무 눈치 없는 반응을 보이자 여자는 다시 물었다.

"춥지예?"

"안 춥습니다."

자기 뜻대로 안 되자 화가 난 여자는 언성을 조금 높였다.

"진짜로 안 춥습니껴?"

"예, 안 춥습니다."

드디어 화가 폭발한 여자가 말했다.

"지랄하네 머시마…. 주디가 시퍼렇그만은…."

여자 마음 하나 헤아릴 줄 모르는 남자는 정말 멋없다. 그런 사람이 결혼해서 어떻게 잘살까? 보나 마나 뻔하다. 여자 마음 하나 못 헤아리면서 어떻게 행복한 동행이 가능할까?

부부로 산다는 건 별 것 아니다. 사소한 일에 함께 웃으며 사는 것이다. 부부가 행복한 동행을 하려면 작은 웃음을 많이 만들어주는 게 중요하다. 사람들은 감동을 큰 데서만 찾으려고 한다. 배우자를 감동시키기 위해 대단한 일만 생각한다. 그런데 배우자는 작은 일에서 감동을 느끼곤 한다. 작은 감동이 하나둘 모여서 이루는 감동의 물결을 경험하기 원한다.

감동을 어디에서 찾고 있는가? 배우자의 입에 함박웃음을 만들어주기 위해 당신이 계획하고 있는 일은 무엇인가? 「어떻게 원하는 것을 얻는가」의 저자 스튜어트 다이아몬드는 공항에서 경험한 에피소드를 소개하고 있다.

어느 날, 다이아몬드는 샌프란시스코에서 필라델피아로 가는 밤 비행기를 탔다. 공항에 늦게 도착하는 바람에 남은 좌석이 가운데 줄 밖에 없었다. 그러자 여행객들은 이내 다섯 시간 동안 답답한 자리에 앉아가는 고역을 예상했다. 그래서 수속 담당자에게 짜증을 내고 있었다. 다이아몬드는 그런 고객들을 응대해야 했던 수속 담당자가 힘겹게 기침하는 모습을 보았다. 자기 차례가 되었다.

그때 마침 가지고 있던 사탕을 수속 담당자에게 주면서 위로의 말을 건넸다.

"힘드시죠? 이거 좀 드세요. 기침하시던데…."

그러면서 덧붙였다.

"혹시 뒤늦게라도 자리가 난다면 복도 쪽 좌석을 주세요."

그리고 몇 분 후였다. 수속 담당자가 자신의 이름을 불렀다. 그는 다른 자리보다 공간이 넉넉한 비상구 좌석에 헤드셋까지 챙겨주었다. 잠시 마음을 읽어주었을 뿐인데 다섯 시간의 편안한 비행을 선물로 돌려받은 셈이다.

행복한 동행을 하려면 배우자의 마음을 움직일 줄 알아야 한다. 돈이나 선물로 배우자의 마음을 훔치려고 하지 말아야 한다. 물론 그런 것도 필요하다. 하지만 그것은 효과가 그리 오래가지 않는다. 중요한 건 마음을 얻는 일이다. 더구나 아내들은 마음을 이해해주고 알아주는 게 중요하다.

배우자가 속상해서 입을 다물고 있다. 그럴 때 맞대고 짜증을 부려서는 안 된다. 아니, 한술 더 떠서 큰소리를 지르거나 똑같이 침묵 전쟁을 선포해서는 안 된다. 대신 '저 사람이 왜 저럴까?'를 생각해봐야 한다. 침묵하는 배우자의 마음을 알아주면 된다. 그의 마음을 어루만져주면 배우자는 금방 웃음을 선물할 것이다.

속상한 마음을 들어주어야 한다. 함께 공감해주고 이해해줘야 한다. 더구나 "미안하다"는 사과의 말 한마디는 아내의 눈을 눈물로 젖게 할 수 있다. 화가 나더라도 한 번 더 참아야 한다. 분노를 참지 못하고 터뜨리는 남편을 가까이하고 싶은 아내는 없다.

잦은 부부 싸움으로 힘들어하는 부부가 있다. 어느 날, 아내가 결심을 하고 남편에게 말했다.

"여보! 금년에는 우리 서로 좋은 말만 하며 살도록 합시다."

그 말에 남편이 되받아쳤다.

"좋은 말만 하게끔 만들어야 좋은 말이 나올 거 아냐?"

그럴 수도 있다. 그러나 아내의 마음을 조금이라도 헤아릴 줄 아는 남편이라면 그렇게 표현하지는 않을 것이다. 좋은 말을 하다 보면 좋은 말을 하게 되는 상황이 만들어진다. 부정적인 말을 하면 부정적인 상황이 만들어진다. 긍정적이고 희망적인 말을 하면 희망적인 상황이 만들어진다. 사람이 말을 하지만 나중에는 말이 사람의 인생을 바꾼다.

마음이 편한 게 최고다. 아무리 좋은 선물을 주고 많은 돈을 가져다준다 해도 마음이 불안하면 아무 소용이 없다. 배우자의 마음을 편하게 해주어야 한다. 성질대로 살려고 해서는 안 된다. 배우자를 위해 성질을 좀 죽이면서 살아야 한다. 당신의 고약한 성질 때문에 배우자는 눈물을 흘리고 아픔을 당한다. 밖에서는 잘하면서 집에 들어오면 가족을 힘들게 하는 사람이 있다. 편하니까 그렇게 한다. 그러나 가까우니까 더 잘해야 하지 않을까? 가까운 사람을 불편하게 하면서 누구를 편하게 한단 말인가?

돈이 아닌
사랑을 좇으라

많은 사람이 돈이면 다 된다고 생각한다. 심지어 돈이면 사랑도 살 수 있고 행복도 얻을 수 있다고 생각한다. 사실 돈은 없는 것보다 있는 게 좋다. 그러나 돈이 사랑은 아니다. 행복과 같을 수 없다. 배우자나 가족을 행복하게 만들어준다는 명목으로 돈을 버는 데 눈이 벌건 사람들이 있다. 하지만 돈을 좇아가서는 안 된다. 돈보다 사랑을 좇아가야 한다.

아리스토틀 오나시스는 그리스 출신의 선박 왕으로 20세기의 가장 큰 부자 중 한 사람이었다. 그는 17세에 그리스를 떠나 아르헨티나로 갔다. 21세에 벌써 백만장자가 되었다. 그 후에 더 많은 돈을 벌었다. 그는 냉정하고 단호한 사업가로 평판을 날렸다. 그는 오직 부를 쌓을 일과 부가 가져다줄 수 있는 것만을 위해 살았다. 그는 이런 철학을 갖고 있었다. "지금 세상에서 가장 중요한 것은 돈밖에 없다. 돈 있는 사람이 왕족이고 귀족이다."

그는 1946년, 그리스 선박업주의 딸과 결혼했다. 그리고 두 자녀를 낳았지만 1960년에 이혼했다. 어느 날, 사랑하는 아들 알렉산더가 비행기 사고로 죽었다. 그러자 그는 순식간에 늙기 시작했다. 급기야 2년 만에 죽고 말았다. 그는 자신의 사랑을 제대로 사용하지 못하고 인생을 마쳤다. 사랑을 실천할 부는 있었지만 사랑을 나누지 못하고 불행한 인생을 살았다.

세상에는 이런 사람도 있다. 존 빅맨과 일레인 빅맨 부부는 절대 부유하지 않았다. 25년 넘는 세월을 남부 멕시코 인디언 콜 족과 더불어 살며 그들에게 사랑을 베풀었다. 자신이 가진 것을 그들과 나누면서 살았다. 그는 콜 족의 교회를 세웠다. 그 교회는 1만 3천 명 이상으로 성장했다.

그가 죽음을 맞을 때 아내에게 이렇게 고백했다. "여보, 우리의 인생은 참으로 아름다웠지? 부족한 우리가 하나님의 사랑의 통로로 살 수 있었으니까."

돈이 너무 없으면 불편하다. 때로는 너무 궁색한 삶에 자존심이 상할 때도 있고 초라해지기도 한다. 그래서 돈부터 벌고 봐야 한다고 생각한다. 사실 부부는 열심히 일해서 돈을 벌어야 한다. 배우자가 돈을 벌어다주지 않으면 화가 치밀어 오른다. 때로는 남편들도 아내가 돈을 벌기 위해 나가지 않나 하고 은근히 바랄 때가 있다. 빡빡한 현대인의 경제 현실에서 부부가 맞벌이를 하지 않고는 헤쳐 나갈 수 없는 실정이다.

그럴지라도 돈이 목적이 될 수는 없다. 돈을 추구하다가 낭패를 보는 경우가 많다. 돈 때문에 행복에 금이 가서는 안 된다. 돈은 어떤 일이 있어도 정당하게 벌어야 한다. 정당하지 않은 돈은 아무리 많을지라도 인생을 부끄럽게 만든다. 정당하게 번 돈을 바르게 쓸 줄 알아야 한다.

6남매 중 장남으로 태어난 남자가 있었다. 그는 집안이 어려워서 부잣집 머슴살이를 10년이나 했다. 한편 태어나자마자 입양을 가야만 했던 한 여인이 있었다. 입양 간 그 집도 너무 어려운 가정 살림이었다. 그래서 쓰레기통을 뒤져 허기를 채운 게 한두 번이 아니었다.

그런 두 사람이 만나 결혼을 했다. 이들이 결혼한 지 1년이 되었을 때 힘든 머슴살이를 하던 남편이 병으로 드러눕게 되었다. 그러자 첫 아이를 임신한 아내가 똥지게를 져서 생계를 이어갔다.

그토록 힘들게 살아온 이들 부부는 고물상을 하면서 형편이 나아졌다. 그러자 이들 부부는 가진 것을 주위 사람들과 아낌없이 나누었다. 아내는 길을 가다 우연히 듣게 된 장구소리에 이끌려 국악을 배웠다. 그래서 노인들을 찾아다니면서 무료공연을 하고, 이웃 주부들에게 가르치기도 했다. 국악을 하지 않는 시간에는 늘 음식을 장만했다. 밥 때가 되면 찾아오는 손님이 줄을 잇기 때문이었다. 집으로 못 오는 독거노인들을 위해 음식을 싸서 직접 찾아가기도 했다. 이들 부부에게는 웃음이 떠나지 않았다. 이게 바로 행복한 동행이 아닌가!

우리 주변에는 돈에 눈먼 사람도 많다. 그러나 돈보다는 사랑을 추구해야 한다. 부부가 사랑을 만드는 데 집중해야 한다. 사랑을 위해 돈은 부수적으로 따라야 할 뿐이다. 돈이 목적이 되어서는 안 된다. 사랑을 팔아 돈을 사서는 안 된다. 배우자를 출세시키기 위해 사랑이라도 팽개칠 수 있다고 생각해서는 안 된다.

　돈에 눈이 멀어서 사랑을 해치지 말아야 한다. 돈이 좋더라도 행복을 깨뜨리는 도구로 전락시키지 말아야 한다. 조금 불편하더라도 사랑을 나누고 베푸는 삶을 선택해야 한다. 없는 가운데서도 주변 사람들에게 사랑을 나눠주는 축복의 통로가 되려고 노력할 때 부부의 연대감은 더욱 강해진다.

　사랑을 추구하는 부부라면 힘들어도 사랑을 위해 어려움을 함께 극복해나갈 것이다. 돈 때문에 투정만 부리지 말아야 한다. 사랑을 위해 함께 고난의 터널을 빠져나갈 방법을 찾아야 한다. 돈을 얻기 위해 시간을 내는 것도 좋다. 그러나 사랑을 만들기 위해서도 시간을 내야 한다. 사랑은 시간을 통해 만들어진다. 일이나 회사를 위해 내던 시간을 이제 사랑을 만들기 위해 투자해야 한다. 행복한 동행을 위해서는 사랑을 만드는 시간을 내야 한다. 낭만적인 사랑을 만들어가기 위해, 필요하다면 사랑을 위해 그에 상응하는 대가도 지불해야 한다.

C·H·A·P·T·E·R·07

—

함께 걷는
여유를 가지라

부부가 겪는 5단계 변화가 있다. 첫 번째, 좋아서 살다가, 두 번째, 어쩔 수 없이 살고, 세 번째, 필요해서 살다가, 네 번째, 불쌍해서 산다. 그리고 마지막으로 다섯 번째, 묻어주려고 산다. 당신은 어떤 단계인가? 그냥 좋아서 사는 단계로 쭉 머물 수는 없을까?

어느 아파트에 사는 주부가 옆집에 사는 아주머니에게 물었다.

"애기 엄마, 요즘 매일 어딜 그렇게 다녀요?"

"남편이 하도 반찬투정을 하고 손찌검까지 해서요."

"어머, 그럼 요리학원을 다니겠네요?"

옆집 아주머니는 침착하게 대답했다.

"아뇨, 태권도장에요."

참으로 불행한 일이다. 남편의 기분을 맞추지 못한다고 아내에게 폭력을 행사하는 남편, 그 폭력을 저지하기 위해 태권도를 배우는 아내. 이게 가정인가, 아니면 전쟁터인가?

10년 이상 아무런 걱정 없이 결혼생활을 유지해온 한 아내가 있었다. 그런데 어느 날, 옛 남자를 만났다. 몇 번 만나다 보니 깊은 관계가 되었고, 급기야 이중생활을 시작했다. 처음에는 그동안 잘해주던 남편과 아이 때문에 죄책감이 들었다. 시간이 흘러가면서 '내 인생을 찾아야겠다'는 생각이 더 강하게 지배하게 되었다.

결국 그녀는 이혼을 해야겠다고 결심했다. 사실 그녀는 부족할 것 없는 여인이었다. 남편에게 가진 불만은 "당신은 당신 생각대로 나를 사랑한다"는 한 가지였다.

부부의 인연을 맺었지만 한 몸을 이루는 게 그리 쉬운 일은 아니다. 홀로 걸어가는 것이야 쉽다. 그러나 함께 걸어가는 건 어렵다. 행복한 동행을 위해 부부가 함께 걸어가는 비결이 무엇인지 알아보자.

부부간의
신뢰를 지키라

어느 아내가 비밀 상자를 하나 갖고 있었다. 그 상자는 누구도 볼 수 없었다. 아내의 지문이 입력된 컴퓨터 자물쇠로 잠겨 있었기 때문이다. 아내는 저녁이면 샤워를 하고 나서 가끔 그 상자를 열어 본다. 그때면 무엇이 그리 재밌는지 행복하게 웃었다. 웃었다 하면 좀처럼 그 웃음을 참지 못했다. 남편은 너무 궁금했다. 그러나 아내는 절대 그 상자를 열어서 보여주지 않았다.

불행하게도 아내가 갑자기 죽을병에 걸렸다. 남편은 이때다 싶어 아내에게 물었다.

"상자 속에 무엇이 있기에 그 상자를 보면서 그렇게 행복하게 웃는 게요? 나도 좀 보여주시오."

남편의 간곡한 청에 못 이겨서 아내는 그렇게 하겠노라고 고개를 끄덕였다. 아내는 상자를 열고 보여주었다. 상자 안에는 콩 세 알과 현금 오만 원이 들어 있었다. 남편은 궁금해서 물었다.

"도대체 이게 뭐요?"

"……."

주저하던 아내는 떨어지지 않는 입을 열었다.

"외간 남자와 한 번씩 잠을 잘 때마다 콩 한 알씩을 넣었어요."

남편은 아내의 말을 듣고 심한 충격을 받았다. 하지만 아내는 죽음을 앞두고 있지 않은가? 자신에게 솔직하게 털어놓지 않았는가? 또 콩도 세 알밖에 안 되니 용서해줘야겠다고 마음을 다잡았다.

그런데 남편을 궁금하게 하는 게 아직도 남아 있었다. 그 옆에 있는 오만 원의 정체이다. 그래서 아내에게 다시 물었다.

"근데 오만 원은 뭐요?"

"오만 원은 그동안 모아 두었던 콩을 팔아서 번 돈이에요."

우리가 살아가면서 꼭 해야 할 일이 있다. 해야 할 일을 하지 않으면 자신뿐만 아니라 주변 사람들이 불행해진다. 그런가 하면 해서는 안 될 일이 있다. 해서는 안 되는 일을 하면 자신의 인생이 불행해진다. 주변 사람들 역시 그 일로 말미암아 상처와 고통을 겪는다. 행복한 부부는 살아가면서 하지 말아야 할 일이 많다. 그중에 하나가 바로 외도이다.

어느 날, 나는 병원 심방을 가던 중에 60대에 접어든 집사님 한 분에게 물었다.

"집사님, 아내로서 남편에게 제일 실망스러울 때가 언제일까요?"

한참을 생각하던 집사님은 이렇게 대답했다.

"배우자가 외도했을 때 아닐까요? 그때는 정말 참기 어려울 것 같아요."

그렇다. 절대 외도를 해서는 안 된다. 외도는 배우자의 신뢰를 깨뜨리는 악랄한 행동이다. 부부는 신의로 산다. 서로에 대한 믿음이 깨지면 이미 부부라고 할 수도 없다. 부부간에도 서로 지켜야 할 예의가 있다. 그런데 외도는 배우자에게 아주 불쾌한 일이다. 나 외의 다른 사람에게 마음을 주고 생각을 빼앗긴 사람과 어떻게 함께 살아갈 수 있겠는가?

아름다운 동행을 이루려면 마음을 오직 한 사람에게만 주어야 한다. 물론 생각했던 것처럼 그렇게 탐탁하지 못할 수도 있다. 그러나 그 사람이 한때는 목숨과도 바꿀 수 있을 정도로 사랑했던 바로 그 사람이 아닌가? 해서는 안 될 일은 하지 말아야 한다.

어느 날, 한 부부에게 생각지도 않았던 일이 벌어졌다. 남편이 아내와 함께 여행을 가기로 약속한 것이다. 지금까지의 경험으로 봐서는 그럴 사람이 아닌데 말이다. 몇 개월 후에 잡힌 약속이지만 아내에게는 정말로 신나는 일이었다. 흥분 속에 하루하루를 지내고 있었다. 그녀 안에 일어나는 설렘과 기다림의 두근거림을 누가 알겠는가?

이제 약속한 날이 일주일도 채 남지 않은 어느 날이었다. 남편은 갑작스레 아내에게 말했다.

"여보, 미안해."

"왜 그래?"

"등산모임 때문에 아무래도 여행을 갈 수 없을 것 같아."

그동안 부푼 마음으로 그날만을 기다렸던 아내로서는 너무 실망스러운 말이었다. 그래서 남편의 얼굴도 쳐다보고 싶지 않았다. 며칠 동안 눈도 맞추지 않았다. 약속한 날의 전날 저녁이었다. 아내는 밤잠을 이루지 못하고 뒤척이다가 눈물을 흘리면서 남편에게 편지를 쓰기 시작했다.

다음 날, 아내는 남편을 태워 약속 장소까지 데려다주었다. 아내는 떠나가려는 남편의 호주머니에 편지 한 장을 넣어주었다. 남편은 '뻔한 말이려니' 하는 생각에 호주머니에 있는 편지를 보지도 않았다. 그러다가 화장실에 들러서 편지를 꺼내 읽었다.

그 편지에는 지금까지 부부가 살면서 행복했던 이야기가 하나둘 쓰여 있었다. 남편은 깜짝 놀랐다. 불평불만을 늘어놓는 내용으로 가득 차 있을 편지를 상상했는데 생각지도 않게 행복했던 추억거리로 가득한 편지를 마주하게 되었다. 순간 부끄럽기도 하고 미안하기도 하고 고맙기도 하고…. 만감이 교차하는 순간이었다. 그래서 함께 갔던 친구들에게 편지를 읽어주었다. 친구들이 야단났다. 졸지에 그 아내는 부러움의 대상이 되었다.

잊을 것은
잊고 살자

보스턴대학에서 3천여 명을 대상으로 결혼이 심장병 발병, 혹은 사망에 미치는 영향을 조사했다. 그 결과 불행한 결혼생활을 하는 여성은 그렇지 않은 여성보다 심장마비로 인한 사망 확률이 4배나 되었다. 남성의 경우는 2배 이상인 것으로 나타났다. 불행을 느끼는 부부는 스트레스와 콜레스테롤 수치도 높은 것으로 조사되었다. 결혼생활에서 만족과 불만족은 당신의 건강을 좌우한다.

모든 사람은 행복과 성공을 갈망한다. 정작 그 파랑새는 처마 밑 바로 곁에 있음에도 모르고…. 부부도 그렇다. 행복은 먼 곳에 숨어 있지 않다. 그런데 소중한 사람을 먼저 떠나보내고 난 후에 구관이

명관이니, "아, 옛날이여" 하고 때늦은 후회를 한다. 참으로 어리석은 인생이다.

살다 보면 기억하고 싶지 않은 아픈 일이 많다. 그래서 창조자는 인간을 망각의 존재로 만드셨다. 만약 일어나는 모든 일을 잊지 않고 오래오래 기억한다면 머리가 터지고 말 것이다. 잊을 것은 빨리 빨리 잊는 게 상책이다.

"원한은 물에 새기고 은혜는 돌에 새겨라"는 말이 있다. 원한은 냇물에 씻어서 흔적도 없이 흘러가게 해야 한다. 은혜는 바위에 새겨서 잊지 말아야 한다. 당신의 마음을 아프게 하는 원한은 곧 들이닥칠 밀물 앞에 새겨야 한다. 섭섭한 것을 마음에 오래 새겨두면서 깊이 묵상하는 부부는 절대로 행복하게 살 수 없다. 아픈 기억은 빨리 잊어야 한다. 힘들었던 일, 고통스러웠던 기억은 망각의 강물에 훌쩍 띄워버려야 한다. 대신 은혜는 바위에 새겨놓고 틈 날 때마다 깊이 묵상하고 또 묵상해야 한다.

부부가 살다 보면 하루에도 몇 차례 서로에게 섭섭한 일을 경험한다. 그때마다 기억의 저장소에 축적하지 말아야 한다. 나쁜 기억은 빨리 잊어야 한다. 그리고 아름다운 추억거리만 담아야 한다.

어느 여인의 고백을 들어보라. "저는 그동안 노력하면 우리도 행복할 수 있다고 믿었습니다. 그러나 그것은 착각이었습니다. 어제만 해도 그렇습니다. 오랜만에 가까이에 있는 친정에 가서 저녁을 먹자고 했는데 남편은 별 반응을 보이지 않다가 몇 번 졸랐더니 화를 벌컥 내는 바람에 큰 싸움으로 번지고 말았습니다. 남편은 출가외인인 내가 친정에 자주 가는 게 늘 불만이었다고 합니다. 밤새 생각해봤지만 남편과 저는 안 맞는 것 같습니다."

서로 다른 이방인이 함께 만나서 사는 게 부부다. 자란 가정환경이나 문화 속에서 각기 다른 습관을 가지고 함께 살겠다고 만났다. 그런데 이들 사이에 갈등이 없다면 그것이야말로 기적이다. 문제는 그러한 상황 속에서 어떻게 반응하느냐 하는 것이다. 만약 서로 이해하고 용납하며 노력하는 부부라면 그들은 반드시 행복한 부부가될 자격이 있다. 행복한 동행을 하려면 배우자를 내 시각으로 이해하려고 하지 말아야 한다. 배우자를 있는 그대로 받아주어야 한다. 조금은 미흡해도 존중하고 사랑하려는 노력이 중요하다.

행복한 부부로 살기 위해서는 심리학자 마틴 셀리그먼이 하는 말을 마음에 새겨두자. "행복한 사람은 실제보다 좋은 일이 더 많았다 생각하고 나쁜 일은 잘 잊어버린다. 그러나 불행한 사람은 나쁜 일에 집착하며 그것을 잊지 못하는 경향이 있다."

부부가 행복하게 동행하려면 서로에 대한 부정적인 관점을 긍정적인 관점으로 바꿔야 한다. 어디에 시선을 집중하느냐에 따라 관계가 판이하게 달라진다. 나쁜 것만 보려고 하는 부부는 절대 행복한 동행을 할 수 없다. 행복한 동행은 좋은 것만 바라보려고 노력하는 사람이 만들어갈 수 있다.

소크라테스의
여유를 가지라

　　어렵고 힘든 시대에 사람들은 아등바등 살아가느라 마음의 여유를 잃은 채 산다. 매사에 조급해 한다. 작은 일에도 화를 내고 짜증스럽게 반응한다. 여유를 갖고 한 번 더 생각하려 하지 않는다. 오늘은 이럴지라도 내일은 달라질 수 있다는 생각을 잊어버린다. 세상을 흑백논리로 선을 긋고 쉽게 단정 지으려 한다. 그러니 부부라지만 여유 없이 날카롭게 살아간다.

　　소크라테스는 50대에 결혼해서 세 아들을 두었다. 그는 시민들을 깨우치는 일을 사명으로 여기며 살았다. 결혼 후에도 무료로 가르치는 일만 했다. 그러자니 전혀 가사를 돌보지 않고 외면했다. 가정 형편은 필 날이 없었다. 그래서 그의 아내인 크산티페로부터 심한 푸대접을 받았다.

　　어느 날, 한 제자가 소크라테스에게 물었다.

　　"선생님은 사모님의 잔소리를 어떻게 견뎌 내십니까?"

　　그러자 소크라테스가 무덤덤하게 대답했다.

　　"물레방아 돌아가는 소리도 귀에 익으면 괴로울 것이 없지."

　　하루는 소크라테스가 부자 손님들을 집으로 초대했다. 예상대로 그의 아내인 크산티페가 투덜거렸다.

　　"대접할 게 아무것도 없어서 사람들에게 부끄럽기 짝이 없어요."

그러자 소크라테스가 부드러운 목소리로 이렇게 위로의 말을 해주었다.

"염려 말아요. 그들이 이치를 아는 사나이들이라면 그걸 참아줄 것이고, 만일 시시한 친구들이라면 그런 녀석들에게는 그렇게 신경 쓸 필요조차 없으니까."

하루는 소크라테스가 집에서 제자들을 가르치고 있었다. 그때 그의 아내가 잔소리를 늘어놓았다. 그러나 소크라테스는 들은 척도 하지 않고 강론을 계속했다. 그러자 그녀는 큰소리로 욕을 해대며 그에게 구정물 세례를 퍼부었다. 그때 소크라테스는 태연스레 말했다.

"천둥이 친 다음에 소나기가 오는 것은 당연한 일이지!"

고대 그리스의 정치가이자 장군이며 소크라테스의 제자인 알키비아데스가 참다못해 말했다.

"사모님의 잔소리는 참을 수가 없습니다."

그러자 소크라테스가 달래듯이 제자에게 말했다.

"나는 이젠 완전히 단련이 되어 있지. 우물에서 도르래가 언제나 가랑가랑 소리를 내는 것과 마찬가지라는 뜻이야. 자네도 거위가 꽥꽥 우는 건 참아 낼 수 있을 거야."

그러자 제자도 지지 않고 말대꾸를 했다.

"하지만 거위는 알을 낳아주고, 새끼를 길러주고…."

이에 스승도 한마디했다.

"크산티페도 아이를 낳아준다네."

부부의 삶이란 길다고 생각하면 지겹도록 길 수 있다. 그러나 아주 짧을 수도 있다. 어떻게 결혼생활을 요리하느냐에 따라 느껴지는 게 다르다. 하루는 지겨운 지옥생활일 수도, 또 다른 하루는 아까운 천국생활일 수도 있다. 같은 값이면 결혼생활이 짧게 느껴지도록 해야 한다.

세상만사는 어떻게 받아들이느냐에 따라 다르게 느껴진다. 힘들어 죽겠다고 혀를 차면 고달픈 인생으로 느껴진다. 힘들어도 한번 살아볼 만한 세상이라고 생각하면 대수롭지 않다. 이런 사람도 있고 저런 사람도 있다. 내가 좋으면 상대방도 좋을 수 있다. 내가 잘 하다 보면 악한 사람도 바뀌는 법이다. 단점이 있는가 하면 장점도 갖고 있다. 인생은 받아들이기 나름이다.

좀 더 넓은 마음과 생각으로 매사를 대해보자. 오늘 살다가 죽을 것처럼 생각하지 말고 좀 더 멀리 내다보자. 행복한 동행이 가능할 것이다. 함께 걸어간다는 것은 별 게 아니다. 조금만 더 이해해주면 된다. 조금만 더 참아주면 된다. 흠잡을 데를 찾아내려면 끝이 없다. 적당히 눈감아주고 받아주다 보면 사람은 변할 때가 있다. 그 변화를 억지로 앞당기려 재촉하지 말아야 한다. 인간은 깨닫는 때가 있다. 못 마땅한 사람을 기다려주다 보면 언젠가 내가 변하는 것을 발견하게 된다. 어쩌면 내가 성장했기에 행복한 동행이 가능하리라.

함께 나눌 거리를
만들라

    부부는 짧다면 짧은 시간, 길다면 긴 시간을 함께한다. 그런데 함께하는 동안 동질감이 아니라 이질감을 느낀다면 얼마나 불행한 일인가? 한마음을 품지 못하고 두 마음을 품는다면, 얼굴을 마주보고 웃지 못하고 서로 등을 돌려야 한다면 이것보다 불행한 일이 없다.

    어느 가정에 강도가 들었다. 강도는 집 주인에게 "손들어!" 하며 권총을 겨누었다. 그러자 주인은 한쪽 손만 들었다.

    기분이 나빠진 강도가 다시 고함을 쳤다.

    "한쪽도 마저 들어!"

    그러자 주인이 인상을 찡그리며 말했다.

    "사실은 제가 오른팔에 신경통이 심해서 들 수가 없습니다."

    순간 강도는 한결 부드러운 목소리로 말을 건네기 시작했다.

    "신경통이요? 사실은 나도 신경통이 있는데…."

    주인과 강도는 신경통으로 인한 괴로움과 치료방법 등에 대해 서로 이야기를 나누었다. 결국 강도는 강도짓을 포기하고 돌아갔다. 오 헨리의 단편 소설에 나오는 이야기이다. 함께 나눌 것이 있다면 강도와 피해자 사이라도 화평을 나눌 수 있다. 화평한 삶을 살아가려면 '더불어'의 정신과 영성이 필요하다. 다른 사람과 함께 나눌 그 무엇이 필요하다는 말이다.

부부가 다정하게 살아가려면 무엇인가 함께 공유할 수 있는 것이 필요하다. 함께 대화를 나눌 소재가 필요하다. 행복하게 살아가는 부부를 보라. 그들에게는 공통적인 대화거리가 있다. 남자와 여자는 서로 다르다. 직장도 다른 게 일반적이다. 관심사도 다를 수 있다. 그러니 대화거리가 막힐 수 있다. 결국 행복한 동행을 꿈꾸는 부부는 함께 나눌 이야깃거리를 찾아내야 한다.

행복하게 살아가는 부부를 보면 부부가 함께하는 시간을 확보하려고 노력한다. 그것은 매일 할 수 있는 산책일 수도 있고, 등산이나 운동일 수도 있다. 어떤 이는 낚시를, 또 다른 이는 골프를 즐기기도 한다. 어떤 이는 자전거 타기를, 혹은 사회봉사 활동을 좋아할 수도 있다. 여기서 중요한 점은 부부가 함께하는 것이다. 혼자서 하는 취미활동은 오히려 부부의 행복을 파괴하는 적이 된다.

두 사람의 취미활동이 맞지 않을 수도 있다. 서로 다른 취미활동 때문에 이견을 좁히기 어려울 수도 있다. 그럴 때는 한 사람이 양보해야 한다. 전혀 취미가 없을지라도 행복한 동행을 하기 위해 새로운 것을 배워볼 용기도 내야 한다. 공휴일이면 부부가 함께 맛있는 음식이라도 만들어보면 어떤가? 아내만 부려 먹지 말고! 부부가 함께 집안 청소를 하면서 대화도 나누고 웃어보면 어떨까? 힘들어서 짜증이 난다고? 그 정도의 마음을 가지고는 행복하게 함께 걸어가는 게 어렵다. 때로는 다소 생소하지만 배우자가 가져온 프로젝트를 함께 고민하고 연구해보면 어떨까? 내 일이 아닌데 골치 아프다고? 골치 아픈 것을 두려워한다면 행복하게 동행하기 어렵다.

인간은 추억을 먹고사는 존재이다. 젊은 시절에 쌓아놓은 추억은 훗날 행복한 동행의 양념이 된다. 나는 가끔 결혼식 주례를 하는데, 주례를 마치고 사진을 촬영할 때 신랑신부의 손을 잡고 말한다. "사람은 추억을 먹고사는 존재에요. 살다 보면 속상하고 실망하는 날도 있을 건데, 그때 신혼여행 때 쌓은 추억을 생각하며 웃어넘길 수 있는 아름다운 추억을 만들어 오세요."

부부는 추억을 만들기 위해 때때로 특별한 이벤트도 기획할 필요가 있다. 기회를 만들어 부부만의 여행을 즐겨봄직하다. 추억 만들기를 귀찮아하는 부부는 행복한 동행을 포기하는 것과 같다.

영국의 한 광고 회사가 큰 상금을 내걸고 전 국민을 대상으로 퀴즈를 냈다.

"스코틀랜드의 에든버러에서 런던까지 가는 가장 빠른 방법은 무엇인가?"

큰 상금이 걸려 있기 때문에 많은 사람이 응모했다. 그들은 다양한 생각을 내놓았다. "비행기가 가장 빠르다." "새벽에 지름길로 승용차를 운전하고 가면 가장 빠르다." "기차를 타고 어느 시점에서 버스를 갈아타는 것이 빠른 방법이다."

그들은 서로 자기가 내놓은 아이디어가 가장 빠르게 가는 방법이라고 주장했다. 그러나 상을 탄 사람의 답은 의외의 것이었다.

"사랑하는 사람과 함께 간다."

그렇다. 사랑하는 사람과 함께라면 아무리 먼 길이라도 가깝게 느껴진다. 아무리 힘든 일도 재미있게 느껴진다. 이 세상에서 사랑하는 사람과 함께하는 길이 가장 빠른 길이고 행복한 길이다. 그 길은 힘들어도 문제가 될 게 없다. 사랑하는 사람과 함께하는 기쁨이 있기에 험하고 어려운 건 중요하지 않다. 부부가 함께 오순도순 걸어가는 길보다 더 아름답고 낭만적인 길은 없다.

항상 배우자에게
감사하라

부부는 서로에게 덕을 베풀고 덕을 보며 산다. 한 몸을 이루는 과정에서 갈등이 일어나는 것은 서로 덕만 보려고 하기 때문이다. 그러나 행복한 동행을 위해서는 서로 적절한 조율을 이루는 지혜가 필요하다. 사실 부부는 서로 덕을 보기 위해 존재하는 게 아니다. 오히려 돕는 자이다. 부부가 서로 돕는 자로 살아가려는 의지만 있다면 살아가는 삶의 방식이 달라질 것이다.

30~40대 직장 남성들에게 물어보았다. "당신의 가정 경제에서 아내의 기여도가 어느 정도라고 생각하십니까?" 대부분의 남성은 50% 이상이라고 대답했다. 맞벌이 부부의 경우는 70~90%라고 대

답했다. 맞벌이 부부라도 가사 노동은 아내가 전담하는 현실을 남편들도 잘 알고 있기 때문이다.

다시 질문했다. "만약 이혼하게 될 경우, 아내에게 재산을 어느 정도 분할해 주시겠습니까?" 그러자 대답하기 전에 누군가 먼저 질문을 했다. "누구 잘못으로 이혼하는 겁니까?" 결국 "아내의 과실일 경우에는 한 푼도 못 준다"는 대답이 압도적이었다.

또다시 물었다. "그렇다면 남편인 당신의 과실이라면 어떻게 하시겠습니까?" 그러자 이번에도 대답하기 전에 질문이 먼저 나왔다. "아이들은 누가 맡습니까?" 아내가 아이를 맡을 경우는 50%, 안 맡을 경우는 10~30%, 그리고 50%를 줬어도 아내가 재혼하면 아이를 데려오면서 재산도 회수한단다.

부부가 번 재산권 분할에 대한 개념이 지금은 많이 달라졌다. 그러나 아직까지도 남성중심적인 사고가 팽배하다. 아내의 기여도를 인정하면서도 정작 재산 분할에 있어서는 생각이 다르다. 그게 피할 수 없는 현실이다.

물론 이혼을 전제로 논하는 게 유쾌하지는 않다. 부부는 살아가면서 서로에게 덕을 끼치고자 하는 마음을 갖고 있어야 한다. 그런데 덕을 보려고만 하기 때문에 섭섭해진다. 처가 덕을 보려고 하는 남성이 적지 않고, 시댁 덕을 보려고 하는 여성도 많다. 부부가 함께 힘을 합쳐 살아가면 좋으련만 자꾸 그 누군가의 도움을 바란다. 그러다 보니 볼멘소리가 나온다.

부부간에도 마찬가지다. 서로의 덕을 보려 하지 말고 서로에게 덕을 끼치려고 노력해야 한다. 그리고 배우자에게 받고 있는 덕을 인정해야 한다.

예전이지만 아내가 가끔 했던 말이 있다.

"자기는 능력 있는 여자를 만났으면 훨씬 더 날갯짓을 할 수도 있었을 텐데."

그러면 나는 웃으며 대답한다.

"아~ 됐네. 아내 덕 볼 생각 없네. 나한테는 당신도 과분해."

사실 나는 지금도 아내에게 감사하고 있다.

어느 조직에서든지 자신의 기여도를 인정받으면 즐겁다. 몸이 피곤하게 일해도 행복하다. 희생과 헌신의 보람이 있다. 그러나 자신의 헌신을 인정받지 못하면 불평이 나온다. 행복한 동행을 하고 싶은가? 그렇다면 배우자에게 많은 덕을 보고 있음에 감사하라. 고맙다고 표현하라.

직장생활을 하면서 아이들을 양육하고 가사 책임까지 감수하는 아내를 알아줘야 한다. 그리고 기꺼이 도와줘야 한다. 처가 식구들에게 아내 때문에 많은 덕을 보고 있다고 자랑하라. 처가 식구들에게 아내에 대한 고마운 마음을 어떤 식으로라도 표현해보라. 부부란 그 재미로 사는 것이다.

마찬가지로 아내는 가정의 경제적인 책임을 감당하기 위해 애쓰고 있는 남편의 노고에 박수를 보내줘야 한다. 남편 덕을 보고 있음에 감사하는 마음을 표현해야 한다. "이게 다 내 덕인 줄 알아!"라고 말하기 시작하면 재미없어진다. "이게 다 당신 덕분이야!" 이게 바로 행복한 동행을 하려는 부부가 할 말이다.

C·H·A·P·T·E·R·08

유능한 파트너십을
기르라

부부는 인생의 동반자이다. 동반자는 오순도순 대화를 나누면서 웃으며 걸어야 한다. 그런데 좋은 파트너로 살아가는 게 쉬운 일은 아니다. 파트너십을 길러야 한다.

어느 날, 청계산 입구에 있는 한 식당에서 혼자 밥을 먹게 되었다. 잠시 후 어떤 부부가 밥을 먹기 위해 들어왔다. 이들 부부는 식당 주인과 스스럼없이 대화를 나누었다. 등산하면서 어느 새 단골손님이 된 모양이었다. 등산객 부부 중 아내가 식당 안주인을 보고 말했다.

"왜 사장님과 함께 등산하지 않으셨어요?"

그러자 식당 안주인이 웃으면서 대답했다.

"우리는 함께 가지 않아요."

그때 옆에 있던 종업원이 끼어들며 말했다.

"사모님 대신 함께 가는 동반자가 있다는 말을 해줘야지요."

식당 안주인은 어쩔 수 없이 사실대로 말했다.

"남편은 나하고 가면 담배를 피우는데, 개하고 가면 서너 시간 동안 담배를 피우지 않아요. 개하고 계속 이야기를 나누거든요. 그래서 저 대신 개하고 다녀요."

개와는 행복하게 동반하면서 아내와는 동반하지 못하는 부부, 개와는 몇 시간씩 대화를 나누면서도 아내와는 할 말이 없는 남편, 이들이 행복하게 동행할 수는 없을까? 부부는 한 배를 타고 함께 파트너가 되어 노를 젓는 것과 같다. 힘차게 항해하기 위해서는 유능한 파트너십을 길러야 한다.

폭풍우는
일단 피하고 보라

"아이, 추워. 날씨가 왜 이래 춥지?"

"추우니까 겨울이지."

부부가 함께 살다 보면 좋은 날도 있고 흐린 날도 있다. 추운 날도 있고 더운 날도 있다. 날마다 고기압일 수는 없다. 때때로 저기압이어서 기분이 우울할 수도 있다. 흐린 날씨를 적절히 요리하는 실력이 필요하다. 저기압인 기분과 감정을 다스릴 줄 알아야 한다.

어떤 노인이 종합건강검진을 받기 위해 의사를 찾아갔다. 의사는 진찰을 끝마친 후 만족한 결과를 가지고 노인에게 물었다.

"선생님, 참으로 건강하십니다. 그 연세에 아무런 이상이 없는데 무슨 비결이라도 있으세요?"

노인은 빙그레 웃음을 지으며 대답했다.

"물론 있지요."

의사는 너무 궁금해서 재촉하며 물었다.

"그 비결이 도대체 무엇입니까?"

그는 계속해서 말을 이어갔다.

"우리 부부는 일찍이 결혼할 때부터 한 가지 약속한 것이 있어요. 그리고 그 약속을 지켜왔답니다."

더 궁금해진 의사는 다시 물었다.

"글쎄, 그게 뭔데요?"

노인은 의미심장하게 대답했다.

"사람이 살다 보면 기분이 좋을 때도 있고, 짜증이 날 때도 있는 법이지요. 내가 기분이 좋아 보이지 않을 때는 아내가 부엌으로 가고, 아내가 저기압이다 싶으면 내가 밖으로 나가겠다고 약속을 했답니다. 그런데 돌이켜 보니 내가 산책을 꽤 많이 했더군요."

부부가 살아가는데 저기압이 있다는 사실이 문제가 아니다. 저기압을 다룰 수 있는 지혜와 기술이 필요하다. 저기압일 때 서로 가까이 있다 보면 폭풍우를 만나게 된다. 그때는 자리를 잠시 비키는 게 좋다. 배우자가 잔소리를 해대면서 화를 돋우는데 그 자리를 묵묵히 지킬 필요는 없다. 물론 지혜롭게 대화를 나누는 훈련이 되어 있다면 괜찮겠지만 그렇지 않다면 일단 감정이 격앙된 순간은 피하는 게 좋다. 그렇게 되면 두 가지 효과를 얻을 수 있다. 첫째는 감정을 식히는 시간을 갖기 때문에 감정 충돌은 일어나지 않게 된다. 둘째는 자신을 다시 한번 돌아볼 수 있는 기회를 얻게 된다.

매일 좋은 감정으로 살 수는 없다. 어떻게 매일 좋은 기분으로 살아갈 수 있겠는가? 때로는 격앙된 감정을 주체할 수 없는 지경이 될 수도 있다. 그때 감정대로 하면 불행해진다. 감정이야 그 사람이 다루기 나름이다. 감정을 잘 다루지 못하면 감정이 우리를 공격한다. 그래서 부부는 감정과 기분을 통제하며 살아야 한다.

나는 살아오면서 아내에게 감사한 게 있다. 때론 어떤 일로 인해 서로 마음이 상할 때가 있다. 내가 감정이 조금 격앙된다 싶으면 아내는 상황 파악을 하고 아무 말도 하지 않는다. 처음에는 말을 하지 않는 아내가 답답하게 생각되었다. 그러나 시간이 지나면서 아내의 마음을 알게 되었다. 그때부터는 아내가 말을 하지 않으면 나도 더 이상 말을 하지 않았다. 그것이 우리가 부부 싸움을 면할 수 있는 비결이다. 사실 저기압을 피한 아내야말로 지혜로운 사람이다. 저기압이 지나면 화창한 날이 반드시 오기 때문이다.

물론 이제는 우리에게도 새로운 삶의 스타일이 있다. 예전에는 입을 다물던 아내가 지금은 하나하나 따지고 들기 시작한다. 나도 부부로 살아가는 지혜를 터득한지라 따지고 드는 아내에게 어떻게 반응해야 할지를 알고 있다. 우리 부부는 기분을 상하지 않게 하는 대화로 문제를 해결해나간다. 저기압을 서로 다룰 줄 아는 지혜와 삶의 여유가 생긴 것이다.

가정의 평화가
최우선이다

평화로운 관계가 행복의 기초이고 성공의 초석이다. 평화를 만들지 못하는 사람은 행복한 인생을 일굴 수 없다. 부부가 평화롭지 못하면 되는 일이 없다. 직장생활이 형통할 리 없다. 사업이 잘 될 리 없다. 마음이 편해야 일도 잘 풀린다. 특히 가장 가깝고 사랑하는 사람과 불편한 것만큼 고통스러운 일은 없다. 그렇기에 부부는 평화로운 관계를 이루기 위해 목숨을 걸어야 한다.

인간은 이기적인 존재이다. 자기밖에 모른다. 남을 생각하기보다 자기를 먼저 생각한다. 남의 이야기를 들어주기보다 자기 말만 하려고 한다. 배우자의 상황을 고려하기보다 자기 처지만 생각한다. 배우자의 편리를 봐주려고 하기보다 자기의 편리와 안일에만 급급하다. 그래서 상대방을 불편하게 한다. 자기밖에 모르는 사람과 함께 살려고 하다 보니 자꾸 부딪히고 갈등하게 된다.

평화를 이루려면 자신을 내려놓아야 한다. 불편한 관계가 되지 않기 위해 자존심도 포기해야 한다. 때로는 자기가 옳은데도 져주어야 한다. 그러지 않고는 평화롭게 살 수 없다. 지혜의 왕 솔로몬은 "다투며 성내는 여인과 함께 사는 것보다 광야에서 사는 것이 나으니라"(잠 21:19)고 말한다. 많은 여인을 거느렸던 솔로몬이 오죽했으면 그렇게 말했을까?

랍비 메이어는 설교를 잘하기로 유명했다. 그는 매주 금요일 밤이면 어김없이 회당에서 설교를 했다. 몇 백 명씩 한꺼번에 몰려들어 그의 설교를 들었다. 그들 가운데 메이어의 설교를 매우 좋아하는 여인이 있었다. 다른 여인들은 금요일 밤이면 집에서 안식일 절기에 먹을 음식을 만드느라 바빴다. 그런데 그 여인만은 이 랍비의 설교를 들으러 회당에 나왔다.

어느 날, 메이어는 긴 시간 동안 설교를 했다. 그 여인은 설교를 듣고 밤늦은 시간에 기쁜 마음으로 집으로 돌아왔다. 그런데 남편이 문 앞에서 기다리고 있었다. 남편은 버럭 화를 내면서 말했다.

"내일이 안식일인데 음식은 장만하지 않고 어디를 쏘다녀! 도대체 이 늦은 밤까지 어디에 있다가 오는 거요?"

"회당에서 메이어 랍비님의 설교를 듣고 오는 길이에요."

그러자 남편은 더욱 화를 내며 소리쳤다.

"그 랍비의 얼굴에다 침을 뱉고 오기 전에는 절대로 집에 들어올 생각은 하지도 마!"

집에서 쫓겨난 아내는 할 수 없이 친구 집에서 머물며 남편과 별거했다. 이 소문을 들은 메이어는 자신의 설교가 너무 길어서 한 가정의 평화를 깨뜨렸다고 몹시 후회했다. 그러고는 그 여인을 불렀다. 랍비는 자신의 눈이 몹시 아프다고 호소하면서 이렇게 간청했다.

"남의 침으로 씻으면 낫게 된다는데 당신이 좀 씻어주시오."

그리하여 여인은 랍비의 눈에다 침을 뱉게 되었다. 그러자 제자들이 랍비에게 물었다.

"선생님께서는 덕망이 높으신데 어찌하여 여인이 얼굴에 침을 뱉도록 허락하셨습니까?"

랍비는 이렇게 대답했다.

"가정의 평화를 되찾기 위해서는 그보다 더한 일이라도 할 수 있다네."

부부가 다투지 않고 화목하게 살 수 있다면 어떤 대가라도 지불해야 한다. 화목은 대가 없이는 이루어지지 않는다. 세상에 거저 얻을 수 있는 것은 없다. 가치 있는 것일수록 지불해야 할 대가가 크다. 화목은 세상의 그 어떤 가치보다 더 중요한 가치다. 화목을 위해서라면 자신의 생각도 내려놓아야 한다. 좋아하는 것도 포기해야 한다. 취미생활도 접을 수 있어야 한다. 자존심이 밥 먹여주는 게 아니다. 부부가 화평을 유지할 수 있다면 자존심도 잠시 포기해야 한다.

조금씩 서로
아끼며 살라

행복한 부부는 서로를 아껴준다. 상대가 행복한 웃음을 잃어가는 것을 보면 내 마음이 아리다. 더 잘해주지 못해서 마음이 아플 뿐이다. 내 몸이 부서져도 상대방이 행복한 웃음을 지을 수 있다면 그것으로 만족한다. 상대방을 위해서라면 무엇이든 할 수 있다. 고생이 되어도 상관없다. 자존심이 조금 구겨져도 괜찮다.

새벽부터 수많은 사람이 인력시장에 모여들었다. 그중에 경기 침체로 인해 공사장 일을 못한 지 벌써 넉 달이나 된 남편이 있었다. 그날도 가랑비 속을 서성거리다 절망을 안고 뿔뿔이 흩어졌다. 아내는 지난달부터 시내에 있는 큰 음식점으로 일을 다녔다. 남편 대신 힘겹게 가계를 꾸려 나가야 하기 때문이었다.

남편은 어린 자식들과 함께 초라한 밥상에 앉았다. 남편은 죄스러운 한숨만 내뱉었다. 그런 자신이 싫어서 거울을 보지도 않았다. 아이들만 집에 남겨두고 오후에 다시 집을 나섰다. 주인집 여자를 만날까 봐 발소리조차 죽였다. 벌써 여러 달째 집세가 밀려 있었기 때문이다. 주인에게 고개를 들 수가 없었다.

저녁 즈음에 오랜 친구를 만나 일자리를 부탁했다. 친구는 일자리 대신 삼겹살에 소주를 사주었다. 늦은 저녁 술에 취해, 고달픈 삶에 취해 산동네 언덕길을 올랐다. 자신이 한심했다. 집 앞 골목으로 들어서니 귀여운 딸아이가 아빠를 반기며 말했다.

"아빠, 엄마가 오늘 고기 사왔어. 아빠 오면 해먹는다고 아까부터 아빠 기다렸단 말이야."

일을 나갔던 아내는 늦은 시간인데도 저녁 준비로 분주했다.

"사장님이 애들 가져다주라고 이렇게 고기를 싸주셨어요. 그렇지 않아도 우리 준이가 며칠 전부터 고기반찬 해달라고 했는데 어찌나 고맙던지."

남편은 왠지 서글펐다.

"집세도 못 내면서 고기 냄새 풍기면 주인 볼 낯이 없잖아."

"저도 그게 마음에 걸려서 지금에야 저녁 준비를 한 거예요. 열한 시 넘었으니까 다들 주무시겠죠 뭐."

불고기 앞에서 아이들의 입은 찢어졌다. 그런 아이들을 바라보며 아내는 행복했다.

"천천히 먹어. 잘 자리에 체할까 겁난다."

"엄마, 내일 또 불고기 해줘. 알았지?"

"내일은 안 되고 엄마가 다음에 또 해줄게. 우리 준이가 고기 먹고 싶었구나?"

"응."

아내는 어린 아들을 달래며 남편 쪽으로 고기를 옮겨 놓았다.

"당신도 어서 드세요."

남편은 아내의 성화에 못 이겨 고기 몇 점을 입에 넣었다. 잠시 후 마당으로 나왔다. 달빛이 내려앉은 수돗가에 쪼그려 앉았다. 흐르는 눈물을 훔쳤다. 아내가 가엾게 느껴졌다. 아내가 가져온 고기는 음식점 주인이 준 게 아니었다. 아내는 손님들이 남기고 간 쟁반의 고기를 비닐봉지에 서둘러 담았을 것이다. 아내가 구워준 고기 속에는 누군가 씹던 껌이 노란 종이에 싸인 채 섞여 있었다. 남편은 아내가 볼까 봐 얼른 그것을 집어서 삼켜버렸다. 아픈 마음을 감추고 행복하게 웃고 있는 착한 아내의 마음이 찢어질까 봐.

행복은 별 게 아니다. 서로 아껴주는 데서 나온다. 자기 입에 고기 한 점이라도 더 집어넣으려고 눈을 부라리는 사람은 맛볼 수 없는 행복. 그대를 위해 눈물을 감출 수 있는 사람들이 행복을 만든다. 비록 살기는 고달플지 몰라도 사랑하는 마음만은 잃지 말자. 가진 것이 없어 때로는 초라해지지만 서로를 위하는 마음만은 저버리지 말자. 그렇지 않고는 부부가 함께 걸어갈 수 없다.

배우자를
귀엽게 봐주라

서로 사랑하는 부부도 살다 보면 상대방이 미운 생각이 들 때가 있다. 그럴 때는 하는 짓마다 밉게 보인다. 평소에는 밉다는 생각이 들지 않다가도 왜 그런지 꼴도 보기 싫어진다. 이게 인간의 마음이다. 인간의 감정은 조석변이다. 상대방이 보기만 해도 짜증스러운가? 그런 감정에 충실하지 말아야 한다. 얼마 있지 않으면 변덕스러운 감정은 또다시 바뀔 테니까!

어느 집사님의 남편은 사고를 당해 10년이 넘도록 거동이 불편한 생활을 하고 있다. 사고가 나기 전에 남편은 건축업을 했다. 돈도 꽤 많이 벌었다. 한때는 말썽도 좀 피웠다. 그런데 10년 전에 뇌경색이 일어나 오른쪽이 마비되기 시작했다. 그리고 3년 후에 뇌출혈로 중환자실에 들어갔다. 하루 동안 의식이 없었다. 그러다가 조금씩 회복되기 시작했다. 그러나 다시는 일어날 수가 없었다. 대소변을 모두 받아내야 했고 호스로 죽을 먹여야 했다. 그렇게 10년이 넘는 세월을 훌쩍 보냈다.

그렇지만 아내는 늘 밝게 웃었다. 사실 그런 남편을 돌봐야 하는 게 쉽겠는가? 단 몇 시간도 자유로운 시간을 보낼 수 없다. 그런데도 집사님은 이렇게 말한다.

"그래도 남편이 옆에 있으니 든든해요. 그리고 하나님이 사랑스러운 마음을 주셔서 최선을 다하고 있어요."

남편은 말을 못한다. 365일을 눕혀놓은 대로 누워 있어야 한다. 집사님은 그런 남편을 두고 말한다.

"생각해보면 웃어주는 것이 고맙고, 밥을 먹을 수 있는 것도, 눈을 맞출 수 있는 것도 감사해요. 죽고 난 후에 후회하지 않기 위해 최선을 다하고 있어요."

남편은 딱 두 마디만 한다. 기분이 좋고 마음에 들 때는 "수고했어"라 하고, 마음에 들지 않고 짜증스러울 때는 "두고 보자!"라고 한다. 두고 보면 어쩌겠는가? 그러나 아내는 그렇게 말하는 남편이 귀엽기만 하다.

　서로가 귀찮아질 때도 있다. 애정이 식고 서운한 생각이 들 때도 있다. 그럴 때도 귀엽게 봐줘야 한다. 그는 한때 당신이 그렇게 사랑했던 사람이니까. 때때로 내가 사랑했던 사람이 멋이 없게 느껴질 때도 있다. 그렇게 사랑스러웠던 사람이 사랑스러운 자태를 잃을 수도 있다. 그래도 귀엽게 봐줘야 한다. 살이 좀 쪘으면 어떤가? 그래도 내게는 가장 소중한 사람인 것을.

　결혼식에서 신부를 업는 순서가 있다. 신혼 초에는 아내를 등에 업어 본 적도 있을 것이다. 그러나 오랜 세월이 지난 지금은 어떤가? 아내의 몸무게가 묵직하게 느껴질 것이다. 하지만 두 손으로 아내의 엉덩이를 든든히 받치고 일어나보라. 뒤뚱거리면서라도 천천히 걸어보라. 힘이 들지라도 가볍다고 말하면서 가볍게 업어보라. 생활고에 지친 아내는 당신의 등에서 훈훈함을 느낄 것이다. 따뜻한 체온을 느낄 수 있다. 남편이 곁에 있음에 대한 든든함이다. 아내를 등에 업는 것은 단순한 업기 그 이상이다. 거기에는 부부의 깊은 신뢰가 담겨 있다. 아내에 대한 위로와 격려가 내포되어 있다. 그동안 서운했던 모든 마음이 눈 녹듯이 녹아내릴 것이다.

　남편 등에 업힌 아내들이여, 남편의 등에 얼굴을 밀착시키고 이렇게 말해보라.

"내가 많이 무거워졌지? 무겁지 않아? 무거우면 내려도 되는데…. 근데 참 좋다. 이렇게 행복한 순간도 드물다."

다소 닭살 돋는 멘트이지만 이렇게 말해보라.

"당신과 결혼해서 이런 행복도 누려보네요. 난 다시 태어나도 당신만을 사랑할 거야."

배우자의 건강을
지켜주라

"돈을 잃으면 조금 잃은 것이고, 명예를 잃으면 많이 잃은 것이고, 건강을 잃으면 모든 것을 잃은 것이다." 그만큼 건강은 소중하다. 한 번 잃으면 좀처럼 회복하기가 어렵다. 그렇기에 건강할 때 건강을 잘 지켜야 한다. 부부는 서로의 건강을 챙겨주어야 한다. 한 사람이 건강을 잃으면 한 사람의 몫이 아니다. 가족이 병원에 입원해본 경험이 있는 사람은 알 것이다. 한 사람 때문에 온 가족이 매달려야 한다.

어느 회사의 부장이 있었다. 어느 날, 그가 목사님에게 부탁을 드렸다. "목사님, 저희 집에 오셔서 예배를 좀 드려주세요."

그는 한국의 국영기업체에서 근무하다가 미국으로 건너가 신소

재분야 연구로 학위를 받았다. 그 당시 회사에서 엄청난 노력과 돈을 들여서 스카우트할 정도로 대단한 실력가였다. 유머 감각도 뛰어나 조직생활에서 긴장과 스트레스를 풀어주곤 했다. 부하직원이나 상사에게 매력적인 회사원으로 손꼽히는 사람이었다. 이런 분이 갑자기 심방을 요청해서 무슨 일인지 궁금했다.

분당에 있는 그의 집으로 가서 예배를 드렸다. 집에 도착한 목사님은 깜짝 놀랐다. 왜냐하면 방 안에 몸이 불편하여 거동이 힘든 아내가 있었기 때문이다. 이들에게는 남매가 있었다. 아이들은 목사님이 올 것이라는 소식을 듣고 누워 있는 어머니 옆에 앉아 있었다.

아내는 학교에서 교편을 잡고 있었다. 그런데 어느 날, 갑자기 분필을 들기가 힘들 지경이 되었다. 알고 보니 근육무력증이었다. 병을 고치기 위해 좋다는 약은 다 써 보았다. 물론 병원에서 치료도 받았다. 그러나 한 번 이상이 생긴 몸은 좀처럼 회복되지 않았다. 결국 모든 것을 포기하고 집에 누워 있게 되었다.

이들은 대학시절 어렵게 사랑해서 결혼했다. 유학시절 아내는 많은 희생을 했고 고생도 많이 했다. 그리고 이제 좀 살만하게 되었다. 그런데 근육무력증으로 계속 누워 있게 되었다. 남편은 점점 병으로 무너져가는 아내를 위해 아무런 도움도 줄 수 없다는 사실 때문에 울음을 터뜨리고 말았다. 자존심도 모두 내려놓은 채 어울리지 않게 눈물을 흘렸다.

건강을 잃으면 매사가 귀찮고 짜증이 난다. 잘하던 일도 두렵다.

매사에 자신감을 잃게 된다. 그렇기에 행복한 결혼생활을 위해서는 서로의 건강을 잘 관리하고 지켜주어야 한다.

어느 부인은 허리가 아팠다. 원래는 아주 깔끔하고 가정적인 주부였다. 그런데 몸이 아프니 자꾸 불편해졌다. 이제는 작은 일에도 남편이나 아이들의 도움을 요청할 수밖에 없었다. 그렇지 않으면 그 일을 하고 나서 며칠간 고통을 당하기 때문이다. 그런데 시간이 지날수록 가족들에게 부탁하는 게 힘들어졌다. 긴 병에 효자 없다고 하지 않던가! 그동안 가족들을 위해 챙겨주던 아내였다. 그런데 그런 도움을 받을 수 없으니 가족들은 불편했다. 게다가 도움을 요청하니 힘들어 할 수밖에 없었다. 명절이 되어 시댁에 가면 시댁 식구들을 위해 아픈 것도 참고 일해야 했다. 그리고 명절이 지나고 나면 몇 날 며칠 고생을 해야만 했다. 심지어 드러눕기까지 했다.

그에 비하면 나는 행복한 남자이다. 왜냐하면 나의 건강을 위해 아내가 이것저것을 다 챙겨주기 때문이다. 몸에 좋은 게 있다고 하면 그걸 해서 먹인다. 여행을 해도 남편 몸에 좋다고 하면 돈 아까운 줄 모르고 챙긴다. 때로는 그것 때문에 나와 실랑이를 벌이기도 하지만 그래도 행복한 일이 아닐 수 없다.

나는 웃으면서 말한다. "남편 등골 빼 먹으려고 그러는 거지 뭐. 다 자기 좋으라고 하는 것 아냐!" 그렇게 말하지만 남편의 건강을 위해 애써주는 아내의 고마움을 모르겠는가? 그래서 나는 가족을 위해 더 열심히 살아가고 싶다. 가족을 위해 내 건강은 챙기지 못하는 실수까지 저지른다.

　행복한 동행을 하고 싶은가? 서로의 건강을 지켜주기 위해 애쓰는 부부가 되어야 한다. 유능한 파트너가 되려면 자기 건강만 챙기지 말고 배우자의 건강부터 챙겨야 한다. 그렇지 않으면 배우자는 섭섭해서 동행의 행복을 잃게 될 것이다.

C·H·A·P·T·E·R·09
—
베스트 프렌드가
되어주라

어느 날, 교회의 한 자매와 대화를 나눌 기회가 있었다. 편입학을 해서 졸업반인데, 이미 취업이 되어 외국인 회사에서 직장생활을 하고 있었다. 자매는 교회 안에 있는 신실한 형제와 몇 년간 교제를 나누고 있었다. 그래서 나는 그 자매에게 말했다.

"시간 늦추지 말고 빨리 결혼해야지?"

"목사님, 아직 결혼에 대한 생각은 없어요."

"교제가 너무 길면 안 돼. 적절한 때에 결혼하는 게 좋아."

"결혼하면 구속받잖아요. 아직까진 하고 싶은 걸 하면서 살고 싶어요."

"적절한 구속 안에서 누리는 자유와 평안을 모르나? 결혼을 왜 구속이라고 생각하지? 베스트 프렌드를 하나 둔다고 생각하면 되는 걸."

생각을 바꿔보라. 요즘처럼 힘들고 어려울 때일수록 다정한 친구가 있다는 것은 행복한 일이다. 마음에 있는 이야기를 함께 나눌 수 있고 서로에게 큰 힘이 될 수 있는 친구 말이다. 부부란 그런 것이다.

그래서 영국의 신대륙 개척자 윌리엄 펜은 이렇게 말했다. "아내인 동시에 친구일 수도 있는 여자가 참된 아내이다. 친구가 될 수 없는 여자는 아내로도 마땅하지가 않다."

그렇다면 이렇게 말할 수도 있을 것이다. "남편인 동시에 친구일 수도 있는 남자가 참된 남편이다. 친구가 될 수 없는 남자는 남편으로도 마땅하지가 않다."

당신은 어떤가? 최고의 친구로 살아가는 배우자인가?

그럼 베스트 프렌드(Best Friend)란 무엇일까? 언제든지 서로를 믿고(Believe), 같이 즐길 수 있고(Enjoy), 바라만 봐도 웃을 수 있고(Smile), 항상 서로에게 감사하며(Thanks), 말하지 않아도 느낄 수 있고(Feel), 서로를 존경하면서(Respect), 멀리 떨어져 있어도 생각하고(Idea), 잘못을 용서하며(Excuse), 서로를 필요로 하고(Need), 서로의 장점을 계발해주는 사람(Develop)이다. 이제 베스트 프렌드로 살아가는 비결을 통해 행복한 동행을 디자인해보자.

환상이 현실이
되게 하라

"내가 왜 진작 이런 인간인줄 몰랐을까? 그때는 눈에 콩깍지가 낀 모양이야." 그러길 다행이다. 눈에 콩깍지가 끼지 않아서 오랫동안 결혼을 못하고 혼자 쓸쓸히 살아가는 사람이 한둘이 아니다. 결혼생활을 통해 콩깍지가 벗겨져서 어렵겠지만 그게 또 다른 인생을 창조하는 도구이기도 하다.

"결혼생활은 3주간 탐색하고, 3개월간 사랑하며, 3년간 싸우고, 30년간 참고 견디는 생활이다"고 말한다. 왜 그렇게 살아야 하는가? 소크라테스가 가졌던 생각을 품어보라.

어느 날, 한 제자가 소크라테스에게 질문했다.

"선생님, 결혼하는 것이 좋습니까, 하지 않는 것이 좋습니까?"

그러자 그가 답변했다.

"결혼하게나! 온순한 아내를 얻으면 행복할 것이고, 사나운 아내를 얻으면 철학자가 될 테니까!"

사실 결혼은 환상이 아니라 현실이다. 결혼하기 전에는 "세상에 이런 사람이 있다"는 게 행복했다. 그런데 결혼 후에는 "세상에 어떻게 이런 사람이 있을까?" 하는 의문이 든다. 결혼 전에는 가장 잘 맞던 환상의 커플이 결혼 후에는 만나서는 안 될 원수로 돌변할 수도 있다. 결혼 전에는 매력으로 보이던 게 결혼 후에는 결점으로 보인다. 그 결점 때문에 당신의 존재가 가치 있음을 잊고 산다.

결혼은 로맨스에서 시작한다. 첫 눈에 서로 반한 관계이다. 로맨스 시기에는 보기만 해도, 만지기만해도 온 몸이 화끈 달아오른다. 모든 것을 너그럽게 이해하고 모든 것을 다 해주고 싶다. 매사에 서로 딱 맞는 것 같다. 서로 다른 것이 매력처럼 보이는 시기이다.

그러나 평생을 로맨스 시기로 살 수는 없다. 이 시기가 끝나고 권태기가 되면 서로 사랑하기보다는 괴롭히기로 작정한다. 서로에게 복종하기가 어려워진다. 환상이 무너지게 되면 하는 짓마다 꼴불견으로 보인다. 매사에 비판하고 원망한다. 자꾸 반발심이 생긴다.

그렇다면 환상이 현실이 될 수는 없을까? 그러기 위해서는 사랑을 관리하는 세 가지 기술이 필요하다.

첫째, 애꾸눈 사랑을 하라. 서로가 가진 차이점을 인정해야 한다. 서로 다른 이방인이 함께 만나서 사는 게 부부이다. 자란 가정환경이나 문화 속에서 각기 다른 습관을 가지고 함께 살겠다고 만났다. 그런데 이들 사이에 갈등이 없다면 그것이야말로 기적이다. 문제는 그러한 상황 속에서 어떻게 반응하느냐 하는 것이다. 지나치게 잔소리하고 따지려 들지 말아야 한다. 서로 이해하고 용납하는 넓은 마음이 중요하다. 웬만하면 '그럴 수도 있지 뭐'라고 생각하며 넘겨야 한다. 배우자를 자기 시각에서만 바라보면 곤란하다. 있는 그대로 받아주고 이해하며 존중하고 사랑하는 게 중요하다.

둘째, 작은 것을 관리하는 기술을 계발해야 한다. 작은 배려를 아끼지 말아야 한다. 말 한마디에 신경을 써야 한다. 매사를 당연시 여기지 말고 작은 것을 해줄 때 감격하며 감사할 줄 알아야 한다. 하찮은 일에 목숨 걸 필요 없다. 작은 행복을 만들어주며 살아야 한다. 작은 게 행복의 불씨가 된다.

셋째, 매사를 좋게 해석해야 한다. 어떤 사람은 매사를 나쁜 쪽으로만 본다. 병든 생각을 가지고 있기에 모든 것을 나쁜 쪽으로 생각하고 해석한다. 그러니 만사가 부정적이다. 누구나 부정적이고 나쁜 쪽으로만 생각하는 사람과 동행하고 싶지 않다. 그는 회피하고 싶은 사람이다.

문제 삼으려
하지 말라

어떤 총각이 TV를 보는데 한 아가씨가 화면에 잠깐 나왔다. 순간 필이 확 꽂혔다. 수소문 끝에 그 아가씨의 주소와 신분을 알아냈다. 두 사람은 펜팔을 시작했다. 3년 동안 줄곧 펜팔을 나누면서 서로 애정을 싹틔웠다.

어느 날, 두 사람이 분위기 있는 곳에서 만나기로 약속했다. 약속 장소에 나간 아가씨가 깜짝 놀랐다. 다른 것은 다 좋았다. 그런데 이 남자는 한쪽 눈을 볼 수 없는 장애를 갖고 있었다. 아가씨는 화가 머리끝까지 났다. 그래서 얼굴이 붉으락푸르락 하면서 따졌다.

"3년 동안 펜팔을 주고받으면서 당신이 애꾸눈이라는 사실을 왜 한 번도 얘기하지 않았어요? 당신이 애꾸눈이라는 사실 때문에 내가 화가 나는 게 아니라 당신이 나를 그렇게 감쪽같이 속였다는 사실에 화가 나서 견딜 수가 없어요."

그러자 총각이 말했다.

"무슨 말씀입니까? 나는 당신을 속인 적이 추호도 없습니다."

"그럼 왜 여태 나를 감쪽같이 속였어요?"

"제가 처음 편지를 썼을 때 당신에게 뭐라고 썼는지 혹시 기억나세요?"

아가씨는 머뭇거리며 대답했다.

"글쎄요?"

"당신을 보는 순간 내가 한 눈에 반했다고 말하지 않았습니까?"

황당할 만하다. 아마 곧바로 결별이 선언되었을지도 모른다. 그런데 진정한 사랑은 장애를 뛰어넘는다. 속인 것이야 용납할 수 없다 하더라도 사랑은 허물을 덮는 아량을 갖고 있다.

문제가 없는 사람은 없다. 행복한 동행을 하는 사람들은 문제를 문제로 삼지 않는다. 그러나 불행한 동행을 하는 사람들은 배우자가 가진 문제를 그냥 지나치지 않는다. 그것을 문제 삼아 비난하고 불평한다. 사람이라면 문제가 있는 게 정상이다. 문제는 서로 이해하고 용납해주면 더는 문제가 될 게 없다.

성경적인 상담학을 주장하는 J. E. 아담스라는 상담학자가 있다. 어느 날, 한 부인이 상담을 하기 위해 그를 찾아왔다.

"저는 도저히 지금 남편과는 더 이상 살 수가 없습니다."

"왜요?"

그녀는 꼬깃꼬깃한 대학 노트 한 권을 아담스 앞에 불쑥 내밀었다. 거기에는 깨알 같은 글씨가 새까맣게 적혀 있었다. 15년 동안 남편이 한 말 한마디, 실수, 부족한 부분, 허물에 대해 기록해 놓은 것이다. 남편의 실수는 색인표까지 만들어놓았다. 통계목록까지 만들었다. 빨간 줄, 파란 줄을 쫙쫙 그어놓은 부분을 보여주면서 말했다.

"이런 남편하고 어떻게 살 수 있겠습니까?"

그때 아담스 박사가 조언을 해주었다.

"바로 모든 문제가 이 노트 안에 있군요. 이 노트를 깨끗이 당신의 가슴에서 태워버리기 전까지 당신은 절대 가정을 지킬 수 없습니다."

상대방의 문제를 보는 눈은 불행을 불러온다. 세상에 완벽한 사람이 어디 있는가? 부부는 서로 불완전하기에 묘미가 있다. 불완전하므로 배우자를 붙여준 게 아닌가? 불완전한 두 인격체가 연합하여 온전함을 이루어가는 과정이 바로 결혼생활이다. 문제가 드러나면 그것을 문제 삼거나 탓하지 말아야 한다. 오히려 도와주고 보완함으로써 조화를 이루어야 한다.

부부가 서로를 문제 삼으려 하면 끝이 없다. 마음에 안 드는 게 한두 가지가 아니다. 아무리 완벽한 사람도 상대방의 요구를 다 맞출 수는 없다. 적당하게 눈감아 줄 때 비로소 행복한 동행이 가능하다. 내가 상대방에 대해 만족할 수 없다면 그도 나를 만족하게 여기지 않을 것이다. 다만 서로 맞추고 적응하려는 노력이 중요하다. 베스트 프렌드는 문제를 보면서 지적하고 잔소리하는 사람이 아니다. 오히려 격려하고 채워주려고 노력하는 사람이다.

사랑한다고
고백하라

나는 설교하기 전에 교인들에게 서로 인사하도록 시킨다. "사랑합니다. 축복합니다." 입으로 표현하는 게 중요하다고 생각하기 때문이다.

어느 부부에게 다섯 살 난 정신지체아 아들이 있었다. 부부는 마음이 아프고 힘들었다. 하지만 정신지체 아동 보육 시설이 아닌 집에서 키우기로 결심했다. 주일에는 교회도 데려갔다. 평일에는 특수학교에 보냈다. 많은 사람과 만날 수 있도록 하기 위해서였다. 그러나 아이는 여전히 바보처럼 웃기만 했다. 말도 제대로 하지 못했다.

시간이 흘러 아이는 어느 덧 20대 후반의 건장한 청년이 되었다. 그는 장애인 작업장에서 전자장비를 조립하는 단순한 일을 배우게 되었다. 어느 날, 그곳에 캐럴이라는 새로운 책임자가 오게 되었다. 그녀는 그 청년에게 어떤 특별한 숨은 능력이 있음을 알아챘다. 그래서 그 청년에게 컴퓨터 사용법을 가르쳤다. 힘든 훈련이 몇 년 동안 지속되었다. 그러는 과정에 캐럴은 그 청년이 많은 것을 느끼고 생각하고 있음을 알게 되었다.

하루는 그녀가 청년의 부모를 작업장으로 불렀다. 청년에게 일어나고 있는 마음의 움직임을 부모에게 알려주기 위해서였다. 가족들이 한자리에 모였다. 그때 캐럴이 먼저 컴퓨터 자판으로 그 청년에게 물었다.

"오늘 기분이 어때요?"

그 청년은 아주 천천히, 그리고 힘들게 손가락을 움직이기 시작했다. 컴퓨터 모니터에 글자가 하나씩 떠오르기 시작했다. 긴 시간이 지난 후에 한 문장이 완성되었다.

"이제 어머니에게 사랑한다고 말할 수 있게 되어 행복합니다."

그 청년은 29년간의 침묵을 깼다. 그리고 "사랑한다"는 마음을 부모에게 표현했다. 그 부모의 심정이 어떠했을지는 상상에 맡기기로 하자.

우리는 사랑하는 사람들 속에서 살아간다. 그들이 모두 내가 사랑할 대상임에도 정작 사랑하지 못한다. 아니, 미워하는 시간도 적지 않다. 우리 마음속에는 보복심이라는 괴물이 꿈틀거리기도 한다. 이 얼마나 부질없고 가련한 인생이란 말인가?

어느 남편은 이렇게 고백한다. "사랑한다, 사랑한다, 사랑한다고 수천 번을 말해도 아깝지 않은 내 아내에게 어쩌다가 나는 사랑한다는 말 한 번 제대로 못하는 멋없는 남편으로 살아왔을까!"

그는 현재 근위축성측색경화증(ALS)이라는 일명 루게릭병을 앓고 있다. 172cm의 키는 오그라들었고, 몸무게는 40kg 남짓으로 줄었다. 입에서는 쉴 새 없이 침이 흘러내린다. 다리도 쉬지 않고 떨고 있다. 이 병에 걸리면 운동세포가 굳어버린다. 말을 할 수 없게 되고, 체중이 갑자기 줄어든다. 그러다가 호흡이 멈추면 끝이다. 이 모든 게 빠르게 진행된다. 그런데 정신만은 멀쩡하다. 그런 것이 본인과 가족을 더 힘들게 한다. 마지막까지 움직일 수 있는 부분은 눈 주변뿐이다.

그는 고려대학교 영문과를 복수 전공한 뒤 방송통신대학교 국문과와 불문과를 마쳤다. 외국어대학교에서 석사를 땄고, 성균관대학교에서 다시 국문학 박사학위를 취득했다. 20년간 7개의 학위를 받았다. 그리고 처음이자 마지막 직장인 동성고등학교에서 열정적으로 학생들을 가르쳤다. 그의 철학은 이웃 사랑이었다. 그는 시인으로 등단하기도 했다.

1999년 초였다. 이유 없이 코가 막히고 목 안이 답답했다. 감기인줄 알고 동네 병원에 갔다. 하지만 차도가 없었다. 결국 대학병원에 가서 진찰을 받았고 루게릭병으로 판정이 났다. 온 집안이 울음바다가 되었다. 술도 마시지 않고 바르고 정직하게 살던 그였다. 그런데 그에게 "시간이 얼마 남지 않았을 수 있다"고 한다. 견딜 수 없어 하나님을 원망하기도 했다. 음식은 모두 갈아서 먹고 있다. 근육이 마비되어 씹을 수가 없기 때문이다. 침을 자주 흘리기에 그때마다 닦아주어야 한다. 한쪽으로만 누워 있으니 고통도 심하다. 침대에서 번번이 미끄러지기도 했다.

사형대로 끌려가는 죄수가 마지막 환한 햇살을 바라보며 상념에 잠기는 영화 장면이 자꾸 떠오른다. 그는 말한다. "내게 기적이 나타난다면 그것은 다시 지하철을 타보는 것이다."

그는 시를 통해 자신의 마음을 표현한다. "살아서든 죽어서든 당신만을 지켜주고 싶다."

사랑하는 마음만 가지고 살아가자. 미움과 증오가 마음의 방에 둥지를 틀지 못하게 하자. 복수라는 괴물에게 먹이를 주지 말자. 그래야 그가 자라나지 못한다. 사랑의 마음만 자랄 수 있도록 그를 아예 질식시켜버리자. 죽어서는 표현할 수 없으니 살아 있는 동안 사랑을 마음껏 표현하며 살자.

동행의 기쁨을 누리라

사랑하는 사람들은 함께 있는 시간을 원한다. 시간을

내주지 않는 것은 사랑하지 않는 것으로 느껴진다. 사랑은 시간이다. 사랑하면서도 함께하지 못하는 사람만큼 아프고 외로운 것은 없다.

최초의 다섯 쌍둥이가 태어났다. 다섯 쌍둥이의 분만은 1934년 캐나다 온타리오의 디온 가정에서 있었다. 의학자들은 다섯 명의 여자 아이를 부모와 위로 있는 다섯 언니와 오빠들에게서 격리시켜 양육하기로 했다. 그 이유는 집이 너무 가난했기 때문이다. 한편으로는 학계의 연구를 위해서였다.

이 아이들은 수많은 구경꾼과 보도진, 의사, 간호사들 틈에서 자랐다. 그런데 그 결과가 어떠한지 궁금하지 않은가? 그들 중 둘은 소녀시절에 병사했다. 둘은 결혼까지 했으나 특이한 성격으로 금방 이혼했다. 독신으로 일관한 남은 한 명은 몬트리올 교외의 외딴 집에서 살았다. 다섯 명 모두가 친부모와 친형제들과는 정이 없어 함께 살지 못했다고 한다.

함께해야 할 사람들이 함께하지 못하는 것은 불행이다. 아픔과 고통을 넘어 패배를 안겨다준다. 요즘 자식교육으로 부부간에도 떨어져서 살고, 부모와 자식이 헤어져서 생활하는 가정이 늘고 있다. 함께 살아가지 못하는 불행한 현실을 탓할 수도 있다. 하지만 그 선택은 자신들의 몫이다. 사랑하는 사람들이 그렇게 헤어져서 살며 무엇을 얻으려고 하는가? 함께 시간을 보내지 못하는 가족이 무슨 의미가 있을까?

"우리는 온 가족이 함께 살고 있는데"라고 안심되는가? 그러나 얼마나 많은 가족이 함께 살면서도 대화 없이 살아가는가? 한공간에 앉아 있으면서도 다른 곳에 신경을 쓰고 있다. 아내는 TV에, 남편은 신문이나 휴대폰에, 그리고 아이들은 책상에서 공부하느라. 한 공간에 머물고 있으면서도 가슴에 있는 사랑을 함께 나눌 수가 없는 가슴 아픈 현실이다.

맥컬리킨 박사는 미국의 컬럼비아 바이블 칼리지 학장이었다. 그런데 그의 부인이 치매로 고통을 겪게 되었다. 부인은 남편이 곁에 있으면 안정되고 편안해했다. 그러나 남편이 출근하고 나면 집 밖으로 나가기도 하고, 불안해서 공포에 휩싸이기도 했다.

이런 사실을 알게 된 그는 미련 없이 학장직을 포기했다. 물론 여러 해 더 할 수도 있었다. 그러나 학장직보다 아내 곁에 있는 게 더 중요하다고 생각했다. 그가 학장직을 사임하면서 이런 말을 남겼다. "이제 나는 아내의 곁으로 돌아갑니다. 42년 전 결혼서약을 할 때 병들 때나 건강할 때나 아내를 돌볼 것을 이미 약속했기에 나는 그 서약을 지키고 싶습니다. 내 아내가 40년 동안 나를 돌봐주었기에 이제는 내가 그 사랑의 빚을 갚기 위해 아내를 돌보는 게 아니라 아내에 대한 사랑과 기쁨 때문에 나는 그녀의 곁으로 갑니다."

그는 학장직을 사임하고 가정으로 돌아갔다. 사람들은 그가 학장으로 있을 때보다 그를 더 존경했다. 그가 학장직을 몇 년 동안 수행하는 것보다 자기 아내의 치매를 곁에서 돕기 위해 가정으로 돌아간 위대함이 전 세계 남편들에게 더 큰 감동을 불러 일으켰다. 동행의 기쁨을 대단한 곳에서 찾을 필요는 없다. 소소한 곳에서 기다리고 있는 부부 동행의 행복이 있으니까.

어느 해 신년 특별새벽기도회가 시작되는 월요일이었다. 분주했던 연말과 연초 사역으로 누적된 피곤함이 있어 그날은 집에서 푹 쉬기로 했다. 느지막이 아점을 먹기로 했다. 내가 "뭘 해 먹을까?"라고 물으니 아내는 "아무 거나 해 먹어"라고 했다. 아내가 늘 하는 말이다. 나도 상투적으로 하는 말이다. 사실 나는 먹는 데는 별로 관심이 없다. 아내가 무엇을 해주든지 반찬 타령을 거의 해 본 적이 없다.

아내는 세 가지나 되는 부침을 준비했다. 하나는 봄동으로, 다른 하나는 상추로 부친 부침이다. 그리고 나머지 하나는 깻잎으로 부친 부침이다. 거기에 매실장아찌와 멸치젓을 차렸다. 나는 정신없이 먹기 시작했다. "정말 맛있다. 아~ 행복해."

정말이지 나는 행복하게 먹었다. 그렇게 대단하지 않은 밥상을 두고 행복하게 먹은 이유가 있었다. 근래 4~5일 동안 저혈압 증상이 있어서 컨디션이 좋지 않았다. 입맛도 나지 않았다. 밥을 먹어도 먹는 행복감이 전혀 없었다. 그런데 아내가 세 가지 부침을 해주었는데 왜 그렇게 맛있는지. 이게 인생을 살아가는 행복이 아니던가! 소소한 일에서 행복을 찾는 인생, 작지만 확실한 행복, 즉 소확행.

사람들은 부부가 함께 다닐 수 없는 나이가 되어서야 후회한다. 나이가 들어서야 배우자의 소중함을 깨닫는다. 진작 깨달았으면 얼마나 좋을까? 하지만 이제부터라도 시작하면 된다. 사랑하는 가족과 함께하는 시간을 양보하지 말자. 함께 있을지라도 시간의 양보다 질을 중요하게 여기며 살아야 한다. 많은 시간을 보낼 수 없다면 짧은 시간을 양질의 시간으로 활용하면 된다. 함께 웃을 수 있고 즐길 수 있는 시간은 추억의 박물관에 많은 작품을 소장하는 것과 같다.

이기는
싸움을 하라

어느 모임에서 강의할 때 젊은 여성분이 한 말이다.

"나는 희생, 헌신이라는 단어를 제일 싫어해요. 아내나 엄마가 왜 일방적으로 헌신하고 희생해야 하나요? 함께 대화하고 의논해서 절충하면 되지요."

"부부가 서로 고치려 하지 말고 맞추면서 살라고 하지만 제 경험은 달라요. 남편이 섭섭하게 할 때 저도 남편에게 똑같이 되돌려줘요. 그러면 남편이 깨닫고 고치던데요. 남편이 처가에 전화를 하지 않으면 저도 시댁에 전화를 안 해요. 그러다가 남편이 '왜 전화를 하지 않느냐'고 하면 '당신도 처가에 전화를 하지 않던데'라고 하지요. 그러면 남편도 고치더라고요. 그렇게 고치면서 살아야 하는 게 아닌가요?"

나는 "무거운 짐이 있을 때 어떻게 하느냐?"고 물었다. 그랬더니 그녀는 서슴지 않고 대답했다.

"무거워서 못 들것 같으면 남편에게 묻지요. '나는 무거워서 못 들겠는데 당신은 들 수 있겠어?' 남편도 힘들어서 못 들겠다고 하면 택배로 붙이고 가죠. 왜 서로 힘들고 불쾌하게 무거운 짐을 들려고 끙끙거려요?"

기발하다는 생각이 든다. 아주 합리적이라는 생각도 든다. 이게 오늘날 젊은 세대들의 생각이다. 그들은 "왜 희생과 헌신을 강요하냐"고 따져든다. 이런 사고를 가지고 있으니 구태여 결혼하려고 들지 않는다. "자식을 왜 낳아? 부부가 편하게 살면 되지. 자식을 낳아서 고생은 고생대로 하고, 돈은 돈대로 들고, 그게 무슨 개고생이야?" 그러니 결혼을 하더라도 자식을 낳지 않으려고 한다. 낳더라도 하나 정도면 족하다. 정부에서 많은 혜택을 주려고 하는데도 희생하고 고생하는 길이 싫단다.

그런데 궁금하다. 과연 이런 부부가 행복한 동행이 가능할까? 아름다운 가정을 이룰 수 있을까? 부부라고 하는 게, 가정이라고 하는 게, 부모라고 하는 게 어느 정도는 무조건적인 희생과 헌신이 전제되는 것이 아니던가? 합리성으로 이룰 수 없고, 이것저것 따져서 얻을 수 없는 게 행복한 동행이 아닌가?

우리는 치열한 경쟁사회에서 살고 있다. 승리자는 웃는다. 그러나 패배자는 얼굴을 들 수 없는 치욕감을 느낀다. 정글의 법칙은 자꾸 이기는 전략을 모색하도록 우리를 유혹한다. 심지어 부부간, 가족 간에도 주도권 싸움을 하도록 부추긴다. 그러나 일단 그렇게 되면 불행은 떼놓은 당상이다. 가족이나 배우자에게 KO 펀치를 날려서 얻을 수 있는 게 무엇인가? 아내를 굴복시키고 승리의 환희에 도취해 있는 남편만큼 쪼잔한 남자는 없을 것이다. 이기려면 세상 속에서 멋진 승리의 깃발을 휘날려야 하지 않겠는가?

바울은 오히려 "나는 날마다 죽노라"(고전 15:31)고 고백한다. 행복하게 살아가려면 이기는 연습보다 지는 연습을 많이 해야 한다. 어떤 차원에서는 이기는 것보다 지는 게 더 힘들다. 우리는 어려서부터 이기는 것을 훈련해왔기 때문이다. 이기면 주변 사람들에게서 박수와 환영을 받는다. 그러나 지면 사람들에게서 핀잔을 받고 홀대당한다. 그러니 누가 지려고 하겠는가?

존 우든은 미국 대학농구계에서 명 코치로 이름 난 사람이다. 그는 승리의 비결을 이렇게 강조했다. 첫째, 말을 하지 말라. 말은 코치가 한다. 말이 많은 자는 평소 실력을 다 발휘할 수 없다. 둘째, 자기를 죽여라. 자기의 기술, 자기의 성적을 생각하면 이길 수 없다. 셋째, 제 자리를 지켜라. 팀플레이란 제 자리를 지키는 것이다. 당신의 자리가 구멍 날 때 경기는 지게 된다.

자신을 죽이는 게 얼마나 힘든지 모른다. 부부도 서로 지려고 하지 않는다. 지는 게 이기는 것임을 모르는 바가 아니다. 그래도 지는 게 쉽지 않다. 어떻게 해서라도 따지고 싶다. 억울한 일을 당하기 싫다. 억울하다 싶으면 바락바락 악을 쓴다. 그러다가 물건이 날아가고 손찌검을 한다. 그러면서도 행복한 동행을 욕심낸다. 그러나 어림없는 일이다.

정말 강한 사람이 어떤 사람인지 아는가? 이런 말이 있다. "세상에서 가장 현명한 사람은 배우는 사람이고, 세상에서 가장 강한 사람은 자기를 이기는 사람이며, 세상에서 가장 행복한 사람은 감사하는 사람이다." 자기를 아는 건 힘들다. 승리자는 자기와의 싸움을 할 줄 아는 사람이다. 자신을 이기는 자가 세상을 얻을 수 있다.

사실 남에게 져주는 사람이 겁난다. 이길 수 있는 힘을 가졌는데도 져주는 사람 말이다. 이 사람이야말로 이기는 비법을 알고 있다. 져주는 사람은 행복을 만든다. 행복을 위해 패자의 길을 스스럼없이 선택하는 사람이야말로 위대하다. 그것이 멋지게 이기는 비결이다.

이기는 싸움을 하고 싶은가? 행복을 위해 포기하라. 자아를 포기하는 것은 예수님의 제자가 되는 가장 중요한 원리이다. 어디 그뿐인가? 행복한 동행을 위한 핵심원리이기도 하다. 자존심을 내려놓으면 싸울 일이 사라진다. 자기 생각이나 주장을 포기하면 다른 사람을 존중할 수 있다. 고집을 포기하면 배우자를 배려할 수 있다. 배우자와 목숨 걸고 싸우기보다 자기 자신과 싸우는 데 목숨을 걸어야 한다. 자신을 쳐서 때려눕히면 자연스럽게 행복한 동행이 이루어질 것이다.

C·H·A·P·T·E·R·10
—
환경을 다스리는
지혜를 가지라

만년설로 뒤덮인 히말라야의 깊은 산간에 마을이 있다. 어느 날, 그곳에 낯선 프랑스 처녀가 찾아왔다. 그녀는 다음 날부터 마을에 머물며 매일같이 강가에 나갔다. 그녀는 누군가를 하염없이 기다리고 있었다. 날이 가고, 해가 가고, 그렇게 세월은 흘러갔다. 어느덧 고왔던 그녀의 얼굴에도 주름살이 하나둘 늘어갔다. 까맣던 머리도 세월 속에 묻혀 하얗게 세었다. 그러나 여인의 기다림은 한결 같았다.

그러던 어느 봄날이었다. 이젠 머리가 하얀 할머니가 되어 강가에 앉아 있던 그녀 앞으로 저 멀리 상류로부터 무언가 둥둥 떠내려 왔다. 그것은 한 청년의 시체였다. 바로 이 여인이 일생을 바쳐 기다리던 약혼자였다. 그 청년은 히말라야 등반을 떠났다가 행방불명이 되었던 것이다. 그녀는 믿고 있었다. 눈 속에 묻힌 약혼자의 시신이 언젠가는 조금씩 녹아 흐르는 물줄기를 따라 떠내려 오리라는 것을.

그래서 그 산골 마을 강가를 떠나지 못하고 오래도록 기다려왔던 것이다.

그러는 사이 몇 십 년의 세월이 지났다. 이제 그녀는 보잘것없는 할머니가 되어버렸다. 그러나 물줄기를 따라 떠내려 온 청년은 히말라야로 떠날 때 청년의 모습 그대로다. 그녀는 약혼자를 끌어안고 한없이 입을 맞추며 울었다. 평생을 바쳐 이룬 내 사랑, 가슴 저미도록 슬픈 내 사랑.

부부가 살다 보면 감당할 수 없는 일을 많이 겪는다. 통제할 수 없는 환경 때문에 힘들어한다. 통제되지 않는 환경 때문에 갈등하고 서로 얼굴을 붉히며 다투기도 한다. 그런데 부부는 환경을 통제하며 살아가야 한다. 환경에 이끌려가는 부부가 아니라 환경을 끌고 가는 부부가 되어야 한다. 부부가 함께 힘과 지혜를 모은다면 환경을 통제하지 못할 것도 없다.

순간적인 감정에
휘둘리지 말라

욱하는 기질을 가진 사람이 있다. 그런 사람은 자신은 편할지도 모른다. 그러나 그와 더불어 동행하기를 원하는 사람은 무척 힘이 든다. 욱하는 사람은 자신이 하고 싶은 말은 다한다. 부리고 싶은 성질도 다 부린다. 폭발하고 싶은 분노를 스스럼없이 퍼붓는다. 그러니 얼마나 속이 편할까? 그러나 옆에 있는 사람은 분노의 감정에 새까맣게 타버리고 남은 게 없다.

그렇기에 행복한 동행을 하기 위해서는 감정을 잘 다스려야 한다. 감정이 상하는 대로 놔둬보라. 성질대로 말해보라. 세상에 남을 게 없다. 세상에 감정 없는 사람은 없다. 세상에 성질 없는 사람도 없다. 다만 그것을 참고 삭이면서 살 뿐이다.

부천의 어느 아파트에서 일어난 일이다. 어느 젊은 아내가 아침에 남편을 출근시키고 아이를 유치원에 보냈다. 얼마 뒤, 유치원에서 아이가 집으로 돌아와서 벨을 눌렀다. 그런데 아무리 눌러도 안에서 엄마의 인기척이 없었다. 아이는 계속해서 문을 두들겼다. 그러나 안에서는 아무런 반응이 없었다. 급기야 경비원이 쫓아 올라와서 문을 두들겼지만 끝내 아무런 반응도 없었다. 마침 아이가 아빠의 전화번호를 외우고 있어서 전화를 했다. 아빠가 급하게 달려왔다. 열쇠로 문을 열고 집으로 들어갔다.

그런데 이게 웬일인가? 아내가 목을 매어 자살한 것이 아닌가? 너무 화가 난 남편은 아내가 괘씸해서 이틀 장으로 장례를 치르고 화장을 해서 시신을 치워버렸다. 집에서 쓰던 물건까지 모두 다 없애버렸다. 아내의 흔적 자체도 싫었던 것이다. 그런데 왜 이런 사태가 벌어졌을까? 며칠 전, 이들 부부는 어떤 이유로 부부 싸움을 했다. 그 부부 싸움의 후유증으로 아내는 결국 자살을 선택한 것이다.

부부 싸움이라는 게 아주 사소한 일에서 비롯되기에 한순간의 감정만 잘 다스리면 되는데, 그게 쉽지가 않다.

어느 날, 중년의 부부들이 야유회를 갔다. 물놀이를 하면서 재미있는 시간을 보냈다. 점심시간이 되자 시장한터라 모두 점심식사를 했다. 그런데 어느 가정의 아내는 점심시간이 훨씬 지났는데도 나타나지를 않았다. 남편은 화가 머리끝까지 났다. 점심을 다 먹고 난 후에야 아내가 나타났다.

그때 남편은 모든 친구 앞에서 고함을 질렀다. "이런 여편네를 마누라라고 데리고 사는 내가 한심한 놈이다!" 그는 아내의 사연은 들어볼 생각도 하지 않고 막무가내로 아내에게 호통을 쳤다. 그날 저녁 귀가한 뒤 아내는 아무런 말도 없이 집에서 목을 매달아 죽고 말았다.

살다 보면 속상할 때도 있다. 자존심이 상해서 죽을 지경에 이르는 경우도 있다. 때로는 그렇게 사랑했던 배우자가 꼴도 보기 싫을 수도 있다. 인간의 감정은 시시때때로 변한다. 행복한 동행을 위해서는 감정에만 충실해서는 안 된다. 때로는 감정을 정화시키는 기술을 가져야 한다. 말씀이 감정을 다스리도록 해야 한다. 성령께서 통제하는 감정으로 바꿔야 한다.

주먹질하려는 그 사람은 당신이 그렇게 사랑했던 배우자가 아닌가? 서로 헤어져야 할 날이 점점 다가오고 있다. 미워할 시간이 없다. 서로 미치도록 사랑만 해도 부족한 시간이다. 당신의 배우자가 당신 곁을 떠나고 난 후 "좀 더 사랑해줄 걸, 좀 더 잘 해줄 걸" 하고 눈물 흘려봐야 때늦은 후회이다. 오늘 내가 살아 숨 쉬는 이 순간에 사랑해줄 수 있길 바란다.

어떤 교회에 50대 후반의 집사님 부부가 있었다. 이 부부는 신앙 생활을 하면서 그런대로 행복하게 살아왔다. 어느 날, 아내에게 말기암 진단이 떨어졌다. 부부는 기도하면서 최선을 다해 치료에 임했다. 그런데 남편의 정성스러운 간호에도 아내는 남편을 혼자 남겨둔 채 훌쩍 떠나고 말았다.

남편은 몇 개월 동안 사람들도 만나지 않고 집 안에서 혼자 지냈다. 하루는 가까이 지내던 친구들이 남편을 위로하고 기분을 전환시켜주기 위해 야외로 데리고 나갔다. 등산하면서 친구가 그 남편에게 조심스레 말을 꺼냈다.

"박 집사, 이제 잊을 것은 잊어버려야 하지 않겠어? 안 된 말이지만 천국으로 갔으니 차라리 두 사람을 위해 더 잘 된 게 아닌가?"

친구의 위로의 말을 들은 남편은 잠시 침묵을 지켰다. 그리고 눈물을 글썽이면서 입을 열었다.

"그런데 말이야. 나는 다른 아무것도 바라는 것이 없어. 그저 아내가 내 곁에 있어서 체취만이라도 느낄 수 있다면 행복하겠어. 의식이 없어 숨을 못 쉰다 해도 내 옆에 있어 주기만 하면 더 바랄 게 없겠어."

먼저 자신을
통제하라

    우리에게 다가오는 환경을 통제하는 일은 쉽지 않다. 다른 사람을 통제하는 일 역시 어렵다. 좀 더 쉬운 게 있다. 자기 자신을 통제하는 일이다. 물론 자신을 통제하는 일도 쉽지는 않다. 그 성숙함이 어떠냐에 따라 자신을 통제하는 힘도 다르다. 그러나 배우자를 통제하는 것보다는 훨씬 더 쉽다. 배우자를 통제해서 자신의 행복을 만들려고 하면 싸움만 일어난다. 차라리 자신을 통제하는 데 주력하는 게 훨씬 더 쉽고 빠르다.

    삼대 째 예수님을 잘 믿는 가정에서 자란 아가씨가 있다. 그녀는 신앙적인 가정에서 자랐기 때문에 술, 담배와는 거리가 먼 사람이다. 술 냄새와 담배 연기를 매우 역겨워한다. 그런 그녀를 한 남자가 좋아했다. 이 남자는 예수님을 믿지 않았다. 그러나 결혼하면 믿는다고 약속하고 오랜 교제 끝에 드디어 결혼을 하게 되었다. 결혼하면 술을 끊고 담배도 끊겠다고 굳게 약속했다. 그리고 몇 개월 동안 여자를 따라 교회에 나갔다. 이어 학습과 세례도 받았다. 목사님의 주례로 굳게 서약하고 행복하게 결혼했다.

    결혼 후, 이 남자의 마음이 돌변했다. 교회에 나가지 않기 시작했고 허구한 날 술로 엉망진창이 되었다. 온 집안은 담배 연기로 뒤덮였다. 아내는 자신이 술집에 사는 것 같은 느낌을 받았다. 술 냄새와 담배 연기를 없애기 위해 향수를 뿌렸지만 감당할 수가 없었다. 역겨운 냄새가 싫어서 남편에게 늘 잔소리를 퍼부었다. 그럴수록 남편은 더 신이 난 듯 밤늦게까지 친구들과 술을 마시고, 술에 만취되어 몸도 가누지 못한 채 친구의 등에 업혀서 집으로 들어왔다.

어느 날이었다. 이날도 남편은 친구의 등에 업혀서 집으로 들어왔다. 화가 난 아내는 남편을 업고 들어온 친구도 반갑지가 않았다. 아내의 떨떠름한 표정에 친구는 허겁지겁 현관문을 빠져나갔다. 친구가 나간 뒤 아내는 한심하다는 투로 술에 취한 남편을 쏘아보다가 발로 남편의 엉덩이를 툭툭 걷어찼다. 남편은 아내의 행동을 다 알고 있었지만 코를 골며 자는 척했다.

아내는 현관에 누워 있는 남편을 그대로 둔 채 안방으로 들어왔다. TV를 켰지만 방송 내용에 집중할 수가 없었다. 짜증만 치밀어 올랐다. TV를 끄고 잠자리에 누웠다. 잠이 올 리 만무했다. 추운 겨울인지라 혹시 얼어 죽을까 봐 현관으로 나갔다. 그리고 남편을 짐짝 끌듯이 구석방에 처박아 두었다.

방을 나가려는 순간 '찬 데서 자다가 입이 돌아갈 수도 있다'는 생각이 들어서 이불을 깔아주었다. 그런데 남편이 괘씸해서 도저히 잠을 이룰 수가 없었다. 다음 날 한바탕해서라도 이번 기회에 술을 끊게 해야겠다고 다짐했다. 이러다가는 자신이 병들어 죽을 것 같았다.

다음 날 아침이 되었다. 남편은 아내의 눈치를 보면서 까칠한 얼굴로 식탁에 앉았다. 아내는 남편의 얼굴을 보는 순간 입이 한발 나와서 따발총처럼 퍼붓기 시작했다.

"허구한 날 술타령이니 어떻게 살겠어요. 술을 마셨으면 술집에서 자든지, 길가에서 잘 것이지 집구석이라고 들어와요? 누구처럼 골목에서 구두를 베개 삼고 옷을 벗어 던지고 자지 그랬어요."

"……."

남편은 아무런 말이 없었다.

"결혼하기 전에 당신이 부모님 앞에서 절대로 술을 마시지 않겠다고 맹세하고 결혼을 승낙받은 서약서를 보여줄까요? 당신은 정말 거짓말쟁이에요. 유치하고 파렴치하고 저질스러워요. 가정도 하나 제대로 돌볼 줄 모르면서…. 당신이 무슨 이태백이나 되는 줄 아세요? 허구한 날 술타령이게. 나는 더 이상 이렇게 못살겠어요."

다행히 남편은 술을 먹지 않으면 말이 없는 편이었다. 남편은 아내의 진절머리 나는 잔소리를 들으면서 출근했다. 그리고 속으로 다짐했다. '술을 더 마시리라! 더 마셔서 아내를 진창으로 끌고 가리라!'

견디다 못한 아내는 목사님을 찾아갔다. 아무래도 이혼을 해야지 더 이상 같이 살 재간이 없다며 푸념을 늘어놓았다. 목사님은 새로운 방법을 알려주었다. 남편의 고질적인 습관을 고치기보다 끌어안는 전략을 세운 것이다. 목사님의 조언을 받아들이기가 어려웠지만 마지막으로 시도해 보기로 했다.

그날 밤, 남편은 아내의 속을 끓여주기 위해 인사불성이 되어 돌아왔다. 남편은 "왝왝" 하고 토하는가 하면 아주 가관이 아니었다. 아내는 화가 목까지 치밀어 올랐다. 그러나 목사님과 약속을 했기 때문에 참으면서 남편을 방까지 데려가 아랫목에 눕혔다. 따뜻한 꿀물을 타다가 남편에게 주면서 말했다.

"여보, 직장일이 얼마나 힘이 들었으면 술을 이렇게 많이 드셨어요. 오늘이 토요일이니까 친구들과 어울려서 이렇게라도 스트레스를 풀어야겠지요? 잘 하셨어요. 오늘 밤 푹 쉬세요. 그리고 다 잊어버리세요."

남편은 갑자기 다정해진 아내의 태도에 짐짓 놀랐다. 실눈을 하면서 아내를 힐끗 쳐다보았다. 그리고 꿀물을 꿀꺽꿀꺽 들이켰다. 아내는 욕지거리가 목까지 차올랐다. 그러나 목사님과 약속했기 때문에 꾹 눌러 참았다. 남편의 양말도 벗기고 넥타이도 풀어주었다. 따뜻한 물수건으로 남편의 손발과 얼굴을 정성껏 닦아주었다. 그날 밤이 그렇게 지나갔다.

다음날 아침, 주일이었다. 아내는 생각했다.

'저 원수가 언제쯤 나와 함께 교회에 갈까?'

아내가 성경책을 끼고 혼자 나가려는 순간이었다. 등 뒤에서 남편의 목소리가 들렸다.

"여보! 나 오늘 당신 따라 교회에 나가볼까?"

아내는 뭔가 잘못 들은 것 같아서 물었다.

"당신 지금 뭐라고 그랬어요?"

"당신을 따라 오랜만에 교회에 가볼까 하는 생각이 들어서."

남편은 겸연쩍은 듯이 웃었다. 나란히 앉아 예배를 드리면서 아내는 연신 손수건으로 흘러내리는 눈물을 닦았다.

부부가 행복하게 살아가는 방법은 이것이다. 상대방의 나쁜 습관을 고치려고 아무리 애를 써도 쉽게 바뀌지 않는다. 오히려 그것을 인정하고 받아들이기 시작하면 그때부터 서서히 고쳐지기 시작한다. 상대방을 억지로 바꾸려고 하면 상대방은 저항한다. 그러는 사이 너무 많은 에너지가 낭비된다. 자신은 변하지 않고 상대방에게만 변하라고 비난하기 때문에 화목을 이룰 수가 없다. 배우자를 통제해서 자신의 행복을 찾으려 하지 말고, 자신을 통제하고 바꾸는 게 훨씬 쉽고 빠르다. 내가 변하면 배우자도 변한다.

지나친 기대는
하지 말라

북쪽 지방에 한 게으른 남자가 살았다. 그 남자는 귀가 솔깃한 소문을 들었다.

"제주도 여자들은 남편을 집에서 놀게 하고, 여자가 노동해서 남편을 먹여 살린다."

그래서 그는 제주도 여자와 결혼하기를 꿈꾸고 있었다. 우연히
도 일이 잘 성사되어 꿈꾸던 대로 제주도 여자와 결혼을 했다. 결혼
한 지 며칠이 지나도 신부가 일할 생각을 하지 않았다. '신혼 초이니
한 달쯤 지나면 일을 하겠지?'라고 생각하며 기다렸다. 그런데 한
달이 지났는데도 일할 생각을 하지 않았다. 참다못해 남편이 아내에
게 물었다.

"내가 듣기에는 제주도 여자들은 남편을 집에서 놀게 하고, 여자
들이 밖에 나가 일을 해서 남편을 먹여 살린다기에 당신과 결혼했는
데, 당신은 어째서 부엌에조차 가지 않고 있소?"

남편의 말을 들은 아내가 대답했다.

"밭을 팔아서 논을 살 때에는 이 밥(쌀밥) 먹자고 논을 사는 것
아니겠소? 제주도 여자가 뭍(육지)으로 시집 올 때에는 놀고먹으려
고 왔지, 그렇지 않으면 무엇 때문에 시집을 오겠소?"

누구나 배우자에게 적당한 기대를 가지고 산다. 그러나 서로를
향한 기대가 사라지는 순간 함께 살아야 할 의미가 사라진다. 부부
가 서로에 대한 기대를 잃게 되는 순간 이미 부부가 아니다. 기대는
서로에 대한 신뢰가 있기 때문에 하게 된다. 그런데 지나친 기대는
문제를 낳는다. 기대가 지나치면 실망도 큰 법이다. 기대가 채워지
지 않다 보면 불평이 나온다. 괜스레 짜증과 원망이 터져 나온다. 서
로에 대한 기대 수위만 조금 조절할 수 있어도 서로 만족하며 살 수
있다. 그런데 만족하지 못한다. 더 나은 배우자에 대한 욕심이 생기

기 때문이다.

재미있는 가게가 오픈했다. 자신이 원하는 이상형 남자를 선택해서 함께 살 수 있는 가게이다. 이 가게는 5층으로 되어 있다. 그런데 이 가게에는 꼭 지켜야 하는 수칙이 있다. 일단 어떤 층의 문을 열고 들어가게 되면 더는 올라갈 수 없다. 그곳에서 자신의 이상형인 남자를 선택해야 한다. 또한 이미 거쳐 왔던 층으로 되돌아갈 수도 없다. 어떤 일이 있어도 이 수칙은 지켜야 한다.

어느 날이었다. 두 여자가 이 가게 앞에 나타났다. 꿈에 그리던 이상형 남자를 사기 위해서였다. 1층에 당도했다. 거기에는 안내문이 하나 걸려 있었다.

"이곳에는 직업이 있고, 아이들을 좋아하는 남자들이 진열되어 있습니다."

이곳에 들어가서 신랑감을 구하고 싶은 마음은 생기지 않았다.

"음, 더 올라가 봐야지!"

무엇인가를 기대하며 2층으로 올라갔다. 그곳에는 이런 안내문이 적혀 있었다.

"이곳에는 돈을 잘 벌고, 아이들을 좋아하며, 잘생긴 남자들이 진열되어 있습니다."

그럴듯했다. 이 정도면 신랑감으로서는 손색이 없었다.

"흠, 아주 좋아…. 그래도 위층에 어떤 남자들이 있는지 확인해 봐야겠지?"

그리고 3층으로 올라갔다. 거기에는 또 하나의 안내문이 걸려 있었다.

"이곳에는 돈을 잘 벌고, 아이들을 좋아하며, 아주 잘 생겼고, 집안일을 도와주는 남자가 진열되어 있습니다."

그 순간, 한층 더 올라오기를 정말 잘했다는 생각이 들었다.

"우와! 하지만 위층은 더 괜찮을 것 같은데…."

이윽고 4층으로 올라갔다.

"이곳에는 돈을 잘 벌며, 아이들을 좋아하고, 아주 잘 생겼으며, 집안일을 잘 도와줄 뿐 아니라 아주 로맨틱한 남자들이 진열되어 있습니다."

역시 올라오길 잘했다. 이제 머뭇거릴 것도 없다. 올라갈수록 더 좋은 신랑감이 준비되어 있지 않은가?

"4층이 이 정도라면 5층에서 우리를 기다리고 있는 남자들은? 상상조차 안 돼!"

이들은 서로 손뼉을 마주치면서 좋아했다. 두 여자는 서둘러서 5층으로 올라갔다. 그런데 5층으로 들어가는 문에는 이런 안내문이 붙어 있었다.

"5층은 비어 있습니다. 죄송하지만 다시 돌아갈 수는 없습니다. 출구는 왼편에 있으니 계단을 따라 쏜살같이 내려가세요."

지나친 욕심은 불행을 낳는다. 기대가 다 채워질 수 있다면 얼마나 좋겠는가? 기대는 기대에 불과하다. 적당한 선에서 멈출 수 있어야 한다. 나도 배우자의 기대를 다 채워줄 수 없다. 그렇다면 배우자에게 거는 기대도 어차피 다 채워질 수 없는 게 아닌가! 지나친 기대가 실망을 가져온다. 내 기대를 다 채워줄 수 있는 완벽한 사람은 없다. 절대로! 기대를 적절하게 통제할 때 비로소 행복한 동행의 문이 열린다.

주도권 싸움에
목숨 걸지 말라

결혼할 쯤이다. 선배가 진심어린 충고를 해주었다. "신혼 초에 주도권을 꽉 잡아야 한다. 그렇지 않으면 평생 잡혀 산다." 이런 충고를 따랐다가 결혼생활을 망치는 부부가 어디 한 둘이던가. 부질없는 짓이다. 더구나 비성경적인 충고가 아니던가! 그래서 나는 그 충고를 일축해버렸다. 부부가 주도권을 잡으려 한들 무슨 소용이람. 주도권을 잡는 일보다 더 중요한 일은 예수님의 심장을 가지고 서로 섬기는 삶이다.

어느 교수의 경험담이다. 그 교수는 가끔 학생들과 가는 분식집이 있었다. 대학로에 있는 조그만 가게였다. 떡볶이와 어묵이 일품이었다. 다섯 평쯤 되는 작은 가게였지만 대여섯 명의 아주머니가 일할 정도로 손님이 많았다.

주인은 손님 나이를 불문하고 퉁명스럽게 대했다.

"여기 앉아요. 빨리 주문하세요."

거의 명령조로 가게 안의 교통정리를 했다. 그곳에 가면 교수나 학생이나, 부자나 가난하거나 상관없이 주인아주머니가 왕이었다. 맛있기도 하지만 그런 활기찬 분위기가 맘에 들어 자주 들렀다.

얼마 전 그 교수는 남편과 함께 분식집을 방문했다. 맛집을 찾는 남편에게 이 집 어묵 맛을 자랑한 터였다. 그날따라 주인아주머니가 직접 음식을 가져다주었다. 아주머니는 어묵과 함께 큰 국물 그릇 하나를 이들 부부 앞에 내놓았다. 그리고 물었다.

"국물을 한 그릇 더 줄까?"

이들 부부는 고맙다고 대답했다. 남편은 아내에게 먼저 그릇을 내밀었다. 아내는 남편이 자기 앞에 놓아준 큰 국그릇을 먹기 시작했다. 곧 아주머니가 작은 국물 그릇을 서비스로 가져왔다. 그런데 이 아주머니가 갑자기 교수가 먹기 시작한 큰 그릇을 남편에게 주고, 교수에게는 작은 그릇으로 바꾸어 놓았다. 너무나 친절하고 확신에 찬 표정으로!

벌써 먹기 시작했는데도 아주머니는 큰 그릇은 남자에게, 작은 그릇은 여자에게 가야 한다고 나름의 교통정리를 해주었다. 이게 한국인의 정서일까?

당신이라면 이런 태도를 흔쾌하게 받아들일 것인가? 그렇지 않으면 불쾌하다고 불평할 것인가? "이게 뭐야? 아무리 남자라도 그렇지. 먹던 음식을 왜 그래요? 왜 남이 먹는 그릇을 맘대로 건드리는 거예요?"

많은 부부가 이런 자질구레한 일을 갖고 티격태격한다.

"남편 체면이 있지. 당신이 어떻게 나한테 그렇게 대할 수 있어?"

"내가 왜 이런 대접을 받고 살아야 해. 내가 이 집에 식순이로 들어온 줄 알아?"

고전적인 한국 남성들이 가진 의식이 있다.

"남편은 하늘! 아내는 땅!"

이런 남편들은 아내 위에서 유세를 부리고 군림하려 한다. 아내를 마음대로 휘두르고 싶어 한다. 자기 말에 굴복하길 원한다. 그러나 세월은 너무 달라졌다. 아내의 경제력이 높아졌다. 여성이 경제적으로 남편에게 의존해 살던 시대와는 다르다. 이제 여성들은 똑똑해졌다. 아니, 남자보다 우위를 점하고 있다. 사회적 기류 역시 여성의 인권과 자유가 하늘로 치닫고 있는 추세이다. 더 이상 아내들은 무작정 기죽어 살려고 하지 않는다.

2014년 12월, 미국 애틀랜타에서 인천으로 향하던 대한항공의 한 여객기에서 일어난 일이다. 58세인 베네수엘라 국적의 한국인 주부가 남편과 함께 귀국길에 올랐다. 와인 2잔을 마시고 취한 그녀는 남편과 말다툼을 했다. 고성을 지르고, 접시와 잡지를 바닥에 집어던지는 등 소란을 피웠다. 여객기 2층으로 바로 자리를 옮기더니 물 컵을 던지면서 남편에 대한 폭언을 이어갔다. 보다 못한 승무원들이 남편을 1층으로 내려보내자, 성질을 참지 못해 옆에 있는 여승무원의 앞치마를 찢어버렸다. 심지어 또 다른 여승무원이 한쪽 무릎을 땅에 대고 앉아 진정을 시키자, 배를 걷어차 전치 3주의 부상까지 입혔다. 결국 기내 난동으로 재판에 넘겨지고 말았다.

이들 부부가 가진 문제가 무엇인지는 모르지만 꼴사나운 모습을 공개적으로 드러냈다. 죄 없는 승무원들도 곤욕을 치렀다. 술이 문제일까? 아니면 평소에 체질화된 태도가 문제일까? 감정을 통제하는 절제력이 부족한 게 문제일까? 여성의 파워가 높아진 시대적 정신이 문제일까? 여하튼 본인도, 남편도 수치스러운 민낯을 드러내고 말았다.

이제 아내들도 주도권을 잡고 싶어 한다. 자기 힘을 과시하려고 한다. 목소리를 높인다. 좀처럼 감정을 숨기려 애쓰지 않는다. 옛날처럼 기죽어 지내려고 하지 않는다. 무조건 "예, 예" 하고 순종하며 살지 않는다. 하고 싶은 말을 다하고 살기를 원한다. 이제는 부당한 남편의 처사에 맞서고 대들려 한다. 당당하게.

그러나 주도권을 잡기 위해 상대방을 제압하려 하는 것은 행복한 동행을 하는 데 전혀 유익하지 못하다. 주도권을 내주고 살아도 괜찮다. 지는 게 이기는 것이라 하지 않던가! 잡혀 사는 게 편하다고 하지 않던가! 패권 다툼은 회사에서 해도 충분하다. 집에 와서조차 패권 다툼을 위해 소모전을 벌일 필요는 없다. 가정은 충전소이다.

사랑과 행복을 충전하는 곳이다. 세상에서 열심히 달릴 에너지를 충전하는 곳이다. 잃어버린 정서 통장을 충전하는 곳이다.

자신의 즐거움을
반납하라

사람들은 자신의 즐거움에 충실하다. 나의 즐거움이 깨지면 화를 낸다. 배우자라 하여도 자신의 즐거움과 만족을 빼앗아 간다고 생각되면 불쾌해한다. 그런데 행복한 동행을 하는 사람은 다르다. 자신의 즐거움이 아니라 다른 사람의 즐거움을 챙길 줄 안다. 필요하다면 다른 사람의 즐거움을 위해 자신의 즐거움을 반납할 줄도 안다.

어느 월요일이었다. 아내는 독서치료를 배운다며 나갔고, 세 아이는 학교에 갔다. 나는 목양실로 가서 이것저것 할 일을 하고 있었다. 저녁 6시쯤 되어 집으로 오니 아들과 아내가 와 있었다.

아내가 집으로 들어오면서 빵을 사왔다. 셋이서 빵을 먹다 보니 맛있는 빵을 먼저 골라먹게 되었다. 그래서 나는 아내와 아들에게 말했다.

"맛있는 빵을 우리가 다 먹어버리면 안 되지. 혜린이와 세린이 걸 남겨 놔야지."

그랬더니 아들이 말했다.

"뭐, 빵 같은 걸 갖고 그래."

"아니지. 콩 한 조각도 나누어 먹는 게 가족인데…."

"큰 것도 아니고 먹고 싶으면 얼마든지 사 먹을 수 있는데!"

"그래도 그건 아니지. 가족이란 반찬 하나에도 서로를 생각해야 하는 거 아니야? 아빠는 그렇다."

결국 아내의 제안을 따라 우리는 먹은 흔적을 없애기로 했다. 7시 30분쯤 되어 혜린이가 왔다. 남아 있는 빵을 보더니 묻는다.

"이걸 왜 사왔어?"

"엄마가 네 생각해서 사왔지."

"아닌데…."

"아니야. 정말 너 때문에 사왔어."

"그런데 이것밖에 안 사왔어? 맛있는 빵은 하나도 안 사왔어?"

어쩔 수 없이 나는 상황을 모두 설명해주었다.

행복한 가족은 자신만 생각하는 이기적인 태도를 버려야 한다. 상대방을 생각하는 이타적인 태도가 행복한 동행을 가능하게 한다. 자신의 편리와 유익만 생각하는 태도를 버리고 다른 사람들을 배려할 줄 알아야 한다. 그렇지 않으면 상처만 남고 행복은 깨지고 만다.

어느 월요일, 나는 할 일이 있었다. 목양실에 가려고 마음을 먹고 있었다. 그런데 어느 분으로부터 전화가 왔다. 어제 설교에 은혜를 너무 받아서 식사를 대접하고 싶다는 것이다. 연세 드신 분이니

거절할 수도 없었다. 그래서 함께 점심을 먹었다.

점심을 먹고 난 후에 아내가 말했다.

"나는 마트에 갈 테니 당신은 당신 할 일을 해요."

"에이, 그럴 수야 있나? 마트에 가면 이것저것 살 텐데 무겁잖아. 같이 가자! 내가 도와줄게."

마트에서 집으로 돌아온 후 운동을 조금 하고 샤워를 하니 밖으로 나갈 마음이 사라졌다. 결국 밖에서 해야 할 일은 하지 못하고, 다음 날 새벽설교를 준비하는 것으로 하루 일과를 마쳤다. 그래도 후회되진 않는다. 내 필요는 사라졌지만 아내의 필요를 채워줄 수 있는 행복이 있으니까.

자신의 만족을 다 챙기면서 행복한 동행을 즐길 수는 없다. 배우자의 즐거움을 위해 자신의 달콤함을 포기할 줄 알아야 한다. 달콤함이야 누가 싫으랴! 누가 그것을 즐기고 싶지 않겠는가? 그러나 그게 행복한 동행에 방해가 된다면 그것을 내려놓아야 한다.

누구나 편하게 살고 싶다. 그러나 나의 편함이 배우자의 불편을 가져올 수 있다. 내가 조금 불편하더라도 배우자를 위해 힘겨움을 감수해야 한다. 때로는 회사에 나가는 게 짜증스럽다. 그것을 극복하지 못하면 배우자를 행복하게 해줄 수 없다. 가사를 돌보다 보면 때때로 모든 걸 내팽개치고 어디론가 훌쩍 떠나고 싶어진다. '내가 왜 이렇게 살아야 하나' 하는 생각이 들 때도 있다. 자유 선언을 하고 독립하고 싶어진다. 그런 불편함을 감수하지 않고서는 행복한 동행을 꿈꿀 수 없다.

　내가 먹고 싶은 것도 배우자에게 줄 수 있는가? 내가 누리고 싶은 것을 배우자를 위해 포기할 용기가 있는가? 내가 원하는 것을 다 하고서 두 사람의 행복을 꿈꿀 수는 없다. 짜증내는 것도 반납해야 한다. 화날 때 짜증내는 것이야 당연한 일이다. 그러나 내가 내는 짜증으로 배우자가 얼마나 고통스러울지 생각해 보았는가? 배우자를 위해서는 내가 누릴 수 있는 감정마저도 반납해야 한다.

C·H·A·P·T·E·R·11

더 나은 삶을
준비하라

어느 백화점에서 한 부부가 유달리 다정하게 손을 잡고 다니고 있었다. 그것을 본 어느 가게 주인이 그들에게 물었다.

"두 분은 얼마나 금실이 좋기에 항상 손을 잡고 다니세요?"

그러자 남편이 한숨을 쉬며 말했다.

"집사람의 충동구매를 막을 수 있는 방법은 이것밖에 없어요."

아내의 충동구매 때문에 속이 꽤나 썩었던 모양이다. 잔소리를 한두 번 했겠는가? 그래도 쉽사리 고쳐지지 않았던 모양이다.

더 나은 삶이 있는데도 사람들은 그 길을 선택하지 않는다. 자기가 알고 있는 대로만 살려고 한다. 자신이 경험한 세계 안에서만 머물려고 한다. 조금만 마음을 열면 새로운 인생을 살아갈 수 있는데도, 배우며 살아가려는 마음만 가지면 새로운 세계가 열리는데도 말이다.

그래서 달라스신학교 교수 하워드 헨드릭스는 "당신이 오늘 배우는 것을 멈춘다면 내일로 이끄는 것을 멈추는 것이다"라고 말했다. 인생은 끝없는 학습과정이다. 배우지 않으려고 하는 사람은 성장할 수 없다. 행복을 만들어갈 수도 없다.

부부도 마찬가지다. 부부란 배우면서 행복을 만들어가야 한다. 사람들은 전문지식이나 기술을 익히기 위해서는 열심히 연구한다. 대학에 진학하고 취업을 하기 위해 얼마나 많은 에너지를 투자하고 노력하는가? 그런데 가장 중요한 가정과 부부의 삶을 위해서는 투자하지 않는다. 이제부터라도 더 나은 부부로 살아가기 위해 배우는 데 투자해야 한다.

소통의
창문을 열라

몇 년 전 외국에서 「남녀의 차이」라는 책이 인기를 끌었다. 그런데 책을 받아본 사람들은 금세 어리둥절해졌다. 아무리 페이지를 넘겨도 글씨가 인쇄되지 않은 백지만 계속되었다. 파본인 줄 알고 여기저기서 교환을 요청했다. 하지만 거기에는 저자의 의도가 담겨 있었다. 저자는 "남자는 여자에 대해 아무것도 모르고, 여자도 남자에 대해 아무것도 모른다"고 하는 메시지를 심어주려 한 것이다. 남녀가 그토록 서로를 모르는데 어떻게 행복한 동행을 할 수 있겠는가?

서로를 모른 채로는 의사소통이 불가능하다. 말이 안 통하는 사람과 행복한 동행을 한다는 건 말이 안 된다. 새벽같이 출근해서 밤 늦게까지 야근하다 보니 서로 얼굴도 마주 보기 힘들다. 그러니 어떻게 대화를 나누랴? 그야 그렇다 치고 온종일 한 지붕 아래 있는 휴일조차도 침묵으로 일관하니 문제가 아닐 수 없다.

한때는 대화가 잘 통해서 결혼을 했다. 결혼할 때는 적어도 코드가 잘 맞는다고 생각했다. 그런데 살다 보니 어느 새 불평과 푸념이 연발한다.

"우리 부부는 정말 말이 안 통해!"

"요즘 사는 게 재미가 없어."

"답답해서 여행이나 훌쩍 떠나고 싶다."

"가족이 서로 말도 안 하고 살아요. 할 말도 없고…. 오랫동안 말을 안 하고 살다 보니 특별히 할 말도 없고요. 밥 먹을 때만 잠시 나왔다가 각자 방으로 들어가버려요. 엄마 아빠도 서로 대화하는 걸 본 적이 없어요. 저도 아빠랑 말해 본 적이 거의 없는 것 같아요."

"항상 외롭다는 느낌이 들어요. 서로 대화도 없고, 서로 무엇을 생각하는지도 모르니까 가족이라고 해도 가족 같은 느낌이 없어요. 우리 가족은 모두 다 외로울 것 같아요. 저만 외로운 것이 아니고 모두 다…."

어느 전업주부는 속내를 이렇게 털어놓는다.

"직장생활을 할 때는 세상 돌아가는 얘기도 통하고, 직장문제나 아이 교육에 대해 상의도 많이 했어요. 하지만 이제 전업주부가 되니 남편과 생활 반경이 완전히 분리되었고, 생각의 차이도 커져서 공유할 대화가 별로 없어요."

온종일 아이들한테 시달리고 난 후 저녁이 되면 말 한마디 할 기운이 없다. 또 남편이 집에 있을 때면 어떻게 해서라도 아이를 맡기고 혼자만의 자유를 누리고 싶다. 그러다 보니 대화가 점점 줄어든다. 어느덧 대화 상대까지는 바라지도 않은 채 그저 가사노동 지원자, 육아 보조자가 되어주는 것만으로도 만족한다.

무뚝뚝한 사내들은 이렇게 말할지도 모르겠다.

"꼭 말을 해야 아나요? 지금까지 몇 년을 같이 살았는데 그냥 눈빛만으로도 알아야지."

물론 눈빛으로 알 수도 있지만 흡족하지 않다. '저 사람이 내 마음을 다 알거야'라고 착각하고 오해한다. 몰라주는 배우자가 못내 섭섭하다. "당신이 그럴 줄 몰랐다"는 것이다. 그러나 그렇게 섭섭해서 토라지지 말고, 진작 마음에 있는 것을 말했으면 좋지 않았겠는가?

남편 친구의 재혼 소식을 들은 어느 부인이 남편에게 말했다.

"그 친구는 6년이 걸렸지만 당신은 1년도 안 돼서 재혼하겠지?"

그때 남편이 이렇게 말해주면 얼마나 행복할까?

"무슨 소리, 당신 없이 내가 어떻게 살아! 건강하게 오래오래 살아줘."

하지만 이렇게 대답하는 남편도 적지는 않으리라.

"1년씩이나 갈게 뭐 있어. 난 6개월 안에 새 장가간다!"

소통을 위해 TV를 끄고 휴대폰을 내려놓으면 어떨까? 함부로 확대해석하거나 왜곡하지 말아야 한다. 속상하더라도 버럭 화내지 말고 감정을 추슬러야 한다. 말하기 위해 입을 많이 벌리기보다 듣기 위해 귀를 활짝 열어야 한다. 필요하다면 대화의 기술을 교육받고 훈련하는 건 어떨까? 무엇보다 중요한 점은 대화를 나누고자 하는 의지적인 노력이다. 대화는 하루아침에 원숙하게 이루어지는 게 아니다. 꾸준한 노력이 관건이다. 일단 대화의 창문을 열어야 한다. 그러면 창문 사이로 아름다운 향기가 스며들어오는 것을 느끼게 된다. 그 행복의 향기가 대화를 촉진시킬 것이다.

행복한 분위기를 만들라

요즘 젊은 여자들이 찾는 배우자감은 많이 변했다. 예전에는 진지하고 과묵한 남자를 선호했다. 요즘은 친구 같고 유머감각이 있는 남자를 선호한다. 부부생활도 낭만을 창조하고 재미있게 살아가는 게 좋다. 그러기 위해 때때로 이벤트를 하면 훨씬 더 행복한 동행을 누리게 될 것이다.

결혼한 지 10년이 된 부부가 있다. 아내는 남편과 10년을 살았지만 외식 한 번 해본 적이 없다. 물론 음악회나 영화 관람을 함께 간 적도 없다. 더구나 그럴듯한 레스토랑은 말할 것도 없다. 생각하면 할수록 너무 속상하고 분통이 터진다. 이들이 사는 집은 신설동에 있고, 남편의 직장은 종로에 있으며, 이들이 다니는 교회는 이문동에 있다.

어느 주일 저녁예배를 마치고 집으로 돌아가던 길이었다. 남편이 신설동 집을 지나쳐 가는 게 아닌가? 그 순간, 아내는 기대가 되었다. 속으로 생각했다. '드디어 남편이 정신을 차렸구나!' 아내는 혼자 상상했다. '아마 남편이 분위기 있는 레스토랑을 예약해두고 나를 놀라게 하려고 깜짝 파티를 준비했나 보네.'

아내는 꿈이 깨질까 싶어서 남편에게 묻지 않았다. 그런데 이게 어찌 된 일인가? 동대문에 이르렀을 때 차가 좌회전하는 쪽에 서 있는 게 아닌가? 방향이 잘못된 것 같아서 남편에게 물었다.

"여보, 어디로 가는 거예요?"

그랬더니 남편은 아무 일 없다는 듯이 대꾸했다.

"응? 주유소에!"

그 순간, 아내의 모든 상상이 물거품이 되었다. 아내는 정말 의문이다. '이런 멀대같은 남편과 계속 살아야 하나?'

요즘 어떤 사람들을 보면 현재의 만족을 우선순위에 두고 살아간다. 욜로족(YOLO, '인생은 한 번뿐이다'를 뜻하는 You Only Live Once의 앞 글자를 딴 용어로 현재 자신의 행복을 가장 중시하여 소비하는 태도)까지는 아니라 할지라도 지나치게 현실 중심으로 살아가는 것이다. 돈을 벌면 저축할 생각도 하지 않고 즐기는 데 사용한다. 여행하고 놀러 다니며 이것저것 필요한 것을 채우는 데 급급하다. '저렇게 살아야 하나?' 내 일이 아니지만 걱정스럽기도 하다.

한편으로 인생을 너무 심각하게 사는 사람도 있다. 무드를 모르는 사람이다. 인생을 즐길 줄도 모른다. 사실 나도 잘 놀 줄 모르는 사람이다. 그런데 행복한 부부 동행을 하려면 때로는 여행도 즐기고, 드라이브도 즐길 줄 알아야 한다. 야외 나들이도 하고, 등산도 즐길 줄 알아야 한다. 따분한 삶보다 낭만을 즐길 줄 아는 삶이 좋지 않은가?

때로는 배우자를 위해 깜짝 파티도 준비해보면 좋으리라. 같은 값이면 기념일이나 생일과 같은 특별한 날은 뭔가 기억에 남는 추억을 만드는 게 좋다. 밋밋한 삶에 양념을 치면 훨씬 더 맛깔 나는 동행이 될 것이다. 배우자가 분위기를 만들려고 할 때 초치지 말아야 한다.

어느 날, 친구 목사가 아내 생일에 꽃다발을 배달했다. 아내의 나이에 맞추어 예쁜 꽃바구니를 주문해서 보낸 것이다. 남편은 아내가 굉장히 기뻐할 줄로 생각했다. 은근히 '오늘 밤은 달라지겠지'

하는 기대감을 가지고 퇴근했다.

"띵~동~"

초인종을 누르자 아내가 나왔다. 남편 얼굴을 보자 아내가 한마디 던졌다.

"당신, 왜 쓸데없는 짓을 하고 그래! 꽃바구니가 얼만데. 그걸 사느니 차라리 돈으로 주지."

남편의 심정이 어떻겠는가? 그다음 생일에는 어떻게 했을까? 상대방의 마음과 선물을 돈으로만 따져서야 되겠는가? 계산적으로만 살 수 없을 때도 있다. 분위기를 내는 것도 죽이 맞아야 한다.

어느 부부가 오랜만에 외식을 나갔다. 남편은 아내의 기분을 즐겁게 해주기 위해서 거창한 음식을 시켰다. 식사를 하며 아내가 말했다.

"집에서 해먹으면 몇 푼 안 들이고 해먹는데, 괜히 쓸데없이 돈을 쓰고 있어. 이거면 며칠은 먹을 수 있겠다."

이 말을 들은 남편은 다신 외식할 생각을 하지 않을 것이다. 차라리 분위기 만들 줄 아는 회사 여직원에게 맛있는 밥을 사주고 칭찬을 들을 것이다. 너무 돈으로만, 현실적으로만 살려 하지 말고 가끔 분위기를 만들어가면서 살아야 한다.

자신을 바꿈으로써
행복을 만들라

　어느 월요일, 아내와 함께 식사를 하고 있었다. 아내가
먼저 식사가 끝났다. 아내는 소파로 가고, 나는 혼자서 남은 식사를
마저 했다. 그런데 아내의 밥그릇에 밥이 절반 조금 못 미치는 양이
남아 있었다. 그것도 반찬이 묻어 있는 채로.

　"왜 밥을 이렇게 먹다가 남겼어?"

　"밥솥 밑에 있는 밥인데 물기가 조금 있어서 미끈미끈해서 맛이
없고, 배가 불러서 안 먹고 싶어."

　사실 아내와 내가 갖고 있는 차이 가운데 하나다. 아내는 배가
부르면 먹다가도 수저를 놓고 남긴다. 그런데 나는 먹던 밥은 거의
남기는 법이 없다. 배가 조금 불러도 마무리를 한다. 남길 것 같으면
아예 애초에 덜고 시작하는 스타일이다. 그러나 아내는 다르다. 결
국 아내가 남긴 밥은 내가 해치웠다.

　식사를 다한 후에 나는 그릇을 챙겨서 싱크대에 가져다 놓았다.
그러자 아내도 일어나서 그릇을 챙겼다.

　"왜 일어나. 그냥 있지. 이런 거는 내가 해야지."

　"아니야, 이런 건 내가 하는 거야."

　"무슨 말이야. 내가 당신을 도와줘야지."

　"당신은 당신 할 일이나 하면 돼."

그렇다. 아내는 집에서 내가 뭘 하는 걸 말리는 편이다. 물론 때로는 해달라고 요청하기도 하고, 내가 하기를 은근히 바랄 때도 있겠지만 일반적으로는 집안일을 남편이 신경쓰게 하지 않으려고 한다.

부부가 함께 사는 데는 별 게 없다. 상대방의 마음을 알아주고 이해해주며 섬기고 사는 것이다. 어차피 있을 수밖에 없는 차이를 서로 인정하고 채워주며 살면 된다. 서로 다른 걸로 잔소리하며 다투고 싸운들 무슨 소용이란 말인가! 상대방을 변화시키려는 노력을 자신을 변화시키는 데 투자하면 행복하게 살 수 있다.

변화란 안에서 잠근 문과 같다. 안에 있는 사람이 문을 열지 않으면 밖에서 아무리 두드려도 들어갈 수 없다. 남을 바꾸려 노력하지 말고 차라리 자신을 바꾸는 게 낫다. 그러면 배우자도 변하고자 노력할 것이다. 두 사람이 서로 변하려고 애쓰면 가장 좋다. 설령 배우자가 바꾸려고 노력하지 않더라도 한쪽이라도 노력해서 행복하게 살면 되지 않은가? 누구라도 한 사람이 바뀌면 서로 맞출 수 있는 법이다.

알코올 중독자와 결혼한 한 아내가 이런 말을 했다.

"수년 동안 저는 제 자신의 노력으로 남편을 변화시키려고 했습니다. 천성적으로 저는 의지가 강했고 제가 원하는 바를 위해 투쟁할 준비가 되어 있었습니다. 그러나 어느 날, 포기하고 말았어요. 목욕탕 속에서 울며 기도를 드렸던 기억이 납니다. 그때 저는 '주님, 저는 제 생을 다룰 수가 없습니다. 저를 맡아주시옵소서. 제가 아무것도 조정할 수 없음을 알았기 때문입니다' 라고 기도를 드렸지요. 그것이 제 결혼생활의 전환점이 되었습니다. 둘 다 변하게 된 것이지요! 변화는 천천히 일어났습니다. 마침내 저는 제 마음을 남편에게 쏟아 놓을 기회를 가졌고, 제가 그의 사랑을 얼마나 필요로 하며, 그의 생활에서 제가 우선이 되기를 얼마나 원하는지를 말했습니다. 그는 진지하게 받아들이더군요. 그는 술을 끊을 새로운 동기를 갖게 되었습니다. 한 친구가 그를 금주단체로 데리고 갔습니다. 이제 그가 술을 끊은 지 7년이 되는군요. 저는 날마다 우리가 이제 서로에 대해 갖게 된 사랑과 존경으로 인해 하나님께 감사를 드립니다. 그러나 주님은 그렇게 되기 전에 먼저 저를 바꾸어 놓으셔야 했답니다."

내가 바꿀 수 있는 것은 많다. 작은 습관과 태도에서부터 언어에 이르기까지 한두 가지가 아니다. 나를 바꾸면 놀랍게도 가족이 바뀌기 시작한다. 내가 상대방을 바꾸려고 하면 너무 힘들다. 그러나 나를 바꾸면 의외로 상대방도 쉽게 바뀐다. 이것이 바로 놀라운 변화의 원리이다.

어느 심리학자는 1%만 바뀌어도 잘 살 수 있다고 말한다. 그러나 사람들은 자신을 좀처럼 바꾸려고 하지 않는다. 자신을 바꿔봤자 아무런 소용이 없다고 생각한다. 바꾸면 불편할 텐데 지금 이대로 지내는 게 편할 것이라고 생각한다.

그런데 대단한 것만 생각하지 말고 아주 작은 것부터 실천해보면 어떨까? 아침에 일어나서 아내에게 '사랑한다' 고 고백해보자. 배

우자를 한 번 살포시 안아줘보자. 출근하는 남편의 넥타이를 매줘보
자. 조금 귀찮더라도 바깥까지 배웅해줘보자. 평소에 하지 않았지만
출근하는 배우자를 위해 따뜻한 밥 한 그릇 챙겨줘보자. 아내도 챙
겨주지 않는 남편을 다른 사람들이 챙겨줄 리 없다. 다른 사람이 챙
겨주도록 한다면 그는 이미 남편을 다른 사람에게 떠넘긴 것이나 다
름없다. 한두 번으로 변화가 일어나지 않는다. 조금 힘들어도 꾸준
하게 반복해야 한다.

홀로서기를
준비하라

어느 날, 남편이 아내에게 물었다.

"당신, 다시 태어나도 나랑 살 거지?"

"그럼. 당신이랑 같이 살아야지."

"그럼 그렇지. 세상에 나 같은 남자가 어디 있겠어?"

"아니지. 내가 아니면 누가 당신을 받아주겠어?"

때로는 이렇게 착각 속에 살 수도 있다. 그 언젠가는 한 사람이
먼저 떠난다. 다시 태어날 수도 없다. 있을 때 잘하는 게 중요하다.
그런데 사람들은 있는 것의 소중함을 잘 잊어버린다. 소유하고 있을
때는 그 가치를 모르고 무시하다가 정작 잃어버리고 나서 후회한다.

내가 사랑하는 사람이 곁에 있다는 게 얼마나 행복한 일인지 모른다. 물질이 다소 결핍되어도 사랑하는 사람이 곁에 있다는 게 정말 소중하다.

오래 전에 영동고속도로 섬강에서 버스가 추락해 아내를 잃은 남편이 있었다. 그는 혼자 사는 외로움을 견디지 못하고 결국 자살을 선택했다. 그때 이런 유서를 남겼다. "당신이 없으니 밥이 밥이 아니요. 당신이 없으니 돈이 돈이 아니요. 당신이 없으니 세상이 세상이 아닙니다. 당신이 가 있는 곳이 그 어디인지 나는 모르나 당신과 같이 되면 나는 당신을 만날 수 있으리라 확신하오. 그래서 당신을 따라가리다. 당신이 있으면 내게는 그곳이 바로 천국이라오."

물론 사랑하는 사람이 훌쩍 떠났다고 해서 따라 죽을 수는 없다. 나에게는 또 다른 인생의 목적과 사명이 있기 때문이다. 나까지 떠나고 나면 또 다른 사람들이 당할 슬픔과 아픔이 너무 크기 때문이다. 이별하는 때가 다가오기 전에 사랑하는 사람이 곁에 있음으로 인한 행복을 바로 알았으면 좋겠다.

때로는 못마땅할 수도 있다. '저 사람이 왜 저래?' 하는 생각이 들 정도로 낯설어 보일 때도 있다. 그러나 막상 그 사람이 내 곁을 떠나고 나면 내가 누리고 있는 게 별 의미 없게 느껴진다. 아무리 재미있는 것도 재미가 없어진다. 멋있는 데 놀러가서 맛있는 것을 먹어도 운치를 모르겠고 맛도 느낄 수가 없다. 인생의 낙을 잃게 된다.

마당놀이에 감초 같은 사나이가 있다. 바로 배우 윤문식 씨다.

그는 아내와 결혼한 지 30년이 되었다. 그에게 아내는 악극 배우생활 25년을 뒷바라지해준 아름다운 동반자였다. 그런데 그의 아내는 15년 동안 병상에 누워 있었다.

어느 날, 30년 세월을 함께 했던 아내가 그의 곁을 떠나 다른 세상으로 갔다. 처음 병원에 입원했을 때 아내의 온몸에서 농이 나왔다. 그래서 하루에 기저귀를 400장 이상 썼다. 그러니 간병인도 버틸 수 없을 정도로 힘겨웠다. 아내가 남편을 잘 알아보지 못할 정도로 아팠기에 재미있는(?) 일도 있었다. 아내가 남편에게 남긴 쪽지에는 이렇게 적혀 있었다. "아저씨, 그동안 고생 많이 했어요. 고마워요."

남편은 그 쪽지를 읽고 자신도 모르게 중환자실에서 목놓아 울었단다. 병원이라서 마음 놓고 울지도 못한 채 한없이 눈물만 흘렸다. 그런데 그 아내가 죽은 것이다. 그는 "아무리 힘겨워도 아내가 옆에 있어주던 그 시절이 너무나 그립다"고 고백한다.

그에게는 눈에 넣어도 아프지 않을 사랑스러운 딸이 있다. 연기연습을 하러 갈 때도 등에 업고 떼놓지 않았던 딸이다. 엄마가 아플 때 그 딸은 병간호와 살림을 도맡아했다. 그에게 있어서 딸은 아픔과 눈물의 세월을 함께 보낸 친구이자 아내이고 어머니였다.

그런데 그 딸까지 얼마 전에 시집을 보냈다. 갓난아기 때부터 결혼까지 자신의 모든 것을 다 바쳐 키울 정도로 애지중지 아끼던 딸이었다. 결혼식에서 눈물이 왈칵 나오려고 했다. 그러나 끝내 참을 수밖에 없었다. 자신이 울면 딸이 걷잡을 수 없을 것 같았기 때문이다. 그는 "눈물을 참느라 무척 힘들었다"고 말한다.

아내도 떠나고 딸도 떠나보낸 그는 이제 혼자 아침밥을 먹어야한다. 홀로 잠자리에 드는 일상을 익혀야 한다. 홀로서기가 외롭지만 어쩔 수 없이 받아들여야 할 인생의 과제가 되고 말았다. 그 누구도 영원히 동반자의 삶을 즐길 수는 없다. 한 사람이 일찍 떠나고 남은 한 사람은 뒤처지게 된다. 그렇기에 누구나 홀로서기를 준비해야한다.

두 사람이 함께 있는 동안에 홀로서기를 준비해야 한다. 배우자가 홀로서기를 할 수 있도록 서로를 도와줘야 한다. 경제적인 홀로서기 뿐만 아니라 심리적, 정서적으로도 홀로서기를 배워야 한다. 잉꼬부부로 살던 사람들이 홀로서기를 하지 못해서 어려움을 당하는 경우를 본다. 이런 부부는 한 사람이 먼저 가고 나면 홀로서기를 하지 못해 얼마 있지 않아 남은 사람마저 뒤따라간다.

배우자에게
맞장구 처주라

어느 토요일이었다. 집에 잠시 들렀는데 아내가 CTS TV를 보고 있었다. 어느 목사님이 설교하는데 이런 이야기를 했다.

어느 날, 부부가 마트에 갔다. 갑자기 아내가 보이지 않았다. 그러자 남편은 지나가는 예쁜 여자를 붙잡고 말을 걸었다.

"저하고 잠깐만 대화를 좀 나눠주세요."

"왜 그러세요?"

"제가 예쁜 여자와 대화를 하면 아내가 총알같이 달려오거든요."

잠시 후에 진짜 그 말을 증명이라도 하듯이 아내가 달려왔다고 한다.

나는 옆에 있는 아내를 보고 말했다.

"여보, 나는 예쁜 당신이 옆에 있어서 다른 여자는 눈에도 들어오지도 않아."

그러자 아내는 대답했다.

"고마워. 날 예뻐해줘서."

쓸데없는 말을 한다고 생각할지 모르겠다. 닭살 돋게 하는 말이라고 치부해버릴지도 모르겠다. 그러나 부부는 이렇게 살아야 하는 게 아닐까?

때로는 부부마저도 서로 다른 세계에 살고 있다는 생각이 들 때가 있다. 남편은 남편의 세계에 갇혀 살고 아내는 아내의 세계에 갇혀 산다. 서로를 너무 모른다. 서로의 마음을 너무 알아주지 못한다. 마음을 몰라주는 배우자가 원망스럽다. 비록 내 생각과 말이 틀렸다 할지라도 그저 내 생각에 맞장구를 쳐주는 배우자가 되어주었으면 하는 아쉬움이 들 때가 많다.

외국계 회사의 지점장이 있었다. 그가 회사에서 받는 스트레스는 이루 말로 다할 수가 없었다. 그는 실적 스트레스 때문에 원형탈모까지 왔다. 그러면서도 가족들에게는 내색 한 번 한 적이 없었다.

그러던 어느 날이었다. TV를 보고 있는데 귀농한 사람들의 이야기가 나왔다. 그는 별 생각 없이 아내에게 한마디 툭 내뱉었다.

"우리도 시골로 내려가서 살까?"

입에서 그 말을 내뱉는 순간 '아차, 실수했구나!' 하고 후회했다. 왜냐하면 반사적으로 나올 아내의 말을 예상했기 때문이다. "아이들이 커 나가는데 말도 안 되는 무책임한 소리 하고 앉았네."

그런데 아내의 입에서 전혀 예상하지 못한 말이 나와서 깜짝 놀랐다.

"모두가 행복하자고 사는 건데 어디라고 못살겠어요. 강화도는 어때요?"

그 말을 듣는 순간, 남편은 천군만마를 얻은 기분이었다. 설령 빈말이라 해도 남편을 지지해주는 아내의 말은 남편을 너무나도 행복하게 했다.

남편이 생각하는 아내의 모습이 있다. 이런 말을 하면 배우자가 이렇게 말할 것이라는 선입관을 가지고 살아가기도 한다. 그런데 생각지도 않은 의외의 말을 해서 깜짝 놀라게 해줄 때도 있어야 한다. 부부가 서로 맞장구를 쳐주지 않으면 누가 그 마음을 헤아려 줄 것인가?

물론 부부는 건설적인 야당이 되어야 한다. 배우자가 그릇된 생각을 가질 때 잘못된 생각을 바로 고쳐줄 수 있어야 한다. 그렇지 않으면 큰 낭패를 당할 수도 있다. 마음이 상하지 않도록 비판해줘야 한다. 그래야 부부는 성장할 수 있다.

그러나 그것도 적당해야 한다. 아무 때나 그렇게 해서는 안 된다. 시도 때도 없이 비판의 칼을 들이대서는 안 된다. 때때로 '말도 안 된다'는 생각이 들지라도 적당하게 맞장구를 쳐줄 수 있어야 한다.

자기 사업을 하는 남편이 있었다. 그가 사업을 하면서 철썩같이 믿었던 친구가 있다. 그런데 그에게 어처구니없는 배신을 당했다. 너무 황당했다. 배신감에 말할 수 없는 속상한 감정이 몰려왔다. 그는 기분이 너무 나빠서 아내에게 문자를 날렸다.

"어떤 나쁜 인간이 나를 가지고 놀았어."

문자를 보내는 순간 후회했다. 돌아올 문자를 금방 연상할 수 있었기 때문이다.

"그러게 사람을 너무 믿지 말라고 그렇게 말했잖아. 도대체 무슨 일인데?"

그런데 잠시 후 문자가 도착하는 신호가 왔다.

"어떤 미친놈이야? 당신 속 많이 상했겠네. 그래도 술 많이 마시지마."

아내에게서 날아 온 답장은 남편의 마음에 큰 힘을 더해주었다. 비참하고 고통스러운 남편의 속마음을 알아주는 아내가 아닌가? 남편의 마음을 헤아려주는 아내가 있기에 세상은 살 만하다. 곧이곧대로 다 따지지 말고, 때때로 무조건 믿어줄 필요가 있다. 부부는 서로 안 좋은 기분을 알아주고, 적당히 맞장구를 쳐주면서 살 때 행복한 동행이 가능하다.

C·H·A·P·T·E·R·12
—
희망을 노래하며
같은 곳을 바라보라

매우 슬퍼 보이는 한 남자가 술집에서 혼자 술을 마시고 있었다. 그는 아무런 말도 없이 술만 마셨다. 궁금한 주인이 물었다.

"무슨 일 있으세요?"

그러자 남자는 한숨을 내쉬며 힘없이 말했다.

"집사람과 좀 다퉜는데, 한 달 동안 서로 말하지 말자고 약속했어요. 그런데 그 평화롭던 한 달이 오늘로 끝나거든요."

기가 막힌 운명이 아닌가? 허탈한 부부가 아닌가? 서로 말하지 않고 사는 게 평화롭던 날이라니! 그게 행복한 날이라니! 힘들고 고달픈 인생의 현장에서 희망을 노래하는 부부로 살려고 하는가? 그렇다면 큰 것에만 승부를 걸 필요가 없다. 큰 것은 작은 것에서 출발하는 법이니까.

작가이자 전 대학교수인 데일 카네기는 말한다. "작은 일처럼 보이는 것에 최선을 다하는 것을 두려워하지 말라. 하나를 정복해 나가는 매 순간이 당신을 더 강하게 만든다. 당신이 작은 일을 잘한다면 큰일들은 저절로 해결되는 경향이 있다."

큰 것에만 눈독을 들이는 사람치고 멋진 삶을 사는 사람은 드물다. 대박을 터뜨리는 한 탕만 바라보는 자는 한심하다. 작은 성취를 맛보며 한걸음씩 나가는 사람이 결국 승리의 깃발을 휘날릴 수 있다. 작은 행복을 가꿀 줄 아는 부부가 언젠가 큰 행복을 누릴 수 있다. 기적은 대개 부지런하고 열심히 그것을 좇는 사람에게 찾아간다. 앉아서 기적을 기다리는 사람에게는 영원히 찾아오지 않는다. 부부가 함께 마음을 합쳐서 희망을 노래하자.

곁에 있을 때
잘하라

부부라고 해서 영원히 함께 살 수는 없다. 언젠가 사랑하는 사람을 두고 한 사람은 떠나야 한다. 떠나지 않으려 해도 소용없다. 잡으려 해도 별 수 없다. 어리석은 사람들은 그때 후회한다. 무덤으로 따라 들어가고 싶지만 그럴 수는 없다. 그럴 것 같으면 있을 때 잘하면서 살아야 한다.

어느 남편이 퇴근길에 아내를 태워가려고 전화했다. 아내에게 다른 전화가 왔는지 남편의 전화를 황급히 끊었다. 화가 난 남편은 전화를 다시 걸었다. 몇 번을 재다이얼한 후에 겨우 통화가 되었다. 아내의 사무실 앞에 차를 세워 아내를 태우면서도 야속한 마음을 떨칠 수가 없었다.

"아니, 전화를 말도 없이 끊는 법이 어디 있어? 월급 80만 원 받으면서 그렇게 벌벌 떨면서 일하냐? 앞으로 당신은 '벌벌이' 다."

"그러면 자기는 마누라의 사정도 이해 못하냐? 나도 이제 당신을 '쫌상' 으로 저장한다."

"할 일 다 하면서 왜 그렇게 주눅이 들어? 차라리 때려치우고 나와라."

"아들 학원비라도 벌려고 그런다, 왜! 당신 월급받아서 기름 값 60만 원 빼고…. 나도 생활만 되면 일하러 가기 싫어! 그러면 돈을 많이 벌어 오든가!"

"월급쟁이더러 돈 더 가져오라면 도둑질이라도 하라는 소리야?"

남편은 아내의 잔소리에 화가 나서 고함을 질렀다. 아이들이 커 가니 여유는 점점 사라졌다. 남편의 지갑에도 4~5만 원이 전부였다.

"다른 여자들은 남편 기 살려준다고 별의별 것을 다 해준다던데…."

"그러면 그런 여자하고 살아."

"이거 왜 이래! 아직은 나 좋다는 여자 많아."

"그러셔요? 그럼 안 잡을 테니 어디 좋은 여자 만나 나머지 인생 행복하게 살아보세요!"

"좋아. 내가 어떻게 해서든지 다른 여자를 만들어서 만날 테니 후회하지 마세요."

"휴~"

집으로 오는 동안 이들 부부는 아무 말이 없었다. 남편은 집에 도착해서 "밥 먹을 생각이 없으니 깨우지 마!"라며 방문을 닫고 누웠다. 아침에 일어나 보니 옆에 누워 자던 아내가 죽었다. 남편은 장례를 치르고 혼자가 되었다. 학교 가기에도 바쁜 아이들에게 고함을 질러 깨웠다. 속옷을 찾는 아들에게 "고등학생이 제 옷도 못 챙기느냐"며 싫은 소리를 해댔다. 툴툴거리며 밥을 먹기 싫다는 아이들에게 억지로 한술 뜨게 했다. 설거지를 쌓아둔 채 서둘러 출근했다. 월급으로는 생활비도 빠듯했다. 그러니 머리가 지끈지끈 아파왔다.

퇴근을 하니 집안은 엉망진창이었다. 아이들이 벗어놓은 옷가지와 책들이 여기저기 늘어져 있었고, 음식물 냄새가 코를 찔렀다. 주섬주섬 옷가지를 세탁기에 넣고 설거지를 시작했다. 그런데 목덜미저 아래쪽에서 서글픔이 올라오더니 물기가 두 눈으로 주르르 쏟아져 내렸다.

"여보, 나 못하겠어. 보고 싶어."

남편은 아내를 부르며 공중으로 손을 휘저었다. 그런데 옆에 손이 있었다. 아내가 자기 옆에 있었던 것이다.

"초저녁에 무슨 잠꼬대를 그렇게 해요? 식탁에 밥 차려 놓았어요. 머리가 아파서 설거지는 조금 있다가 할게요."

"휴우~"

남편은 아내의 손을 꼭 잡았다. 말없이 밥을 먹고 신나게 설거지를 했다. 옆에 있기만 하면 매일 밥을 하고 설거지를 할 수 있을 것 같았다. 빨리 약국으로 달려가 두통약을 사서 아내를 일으켜 먹였다.

"제발 아프지 마. 쉰이 넘었으면 건강은 스스로 챙겨야지."

지금은 살아 있는 게 현실이지만 떠나는 게 현실이 될 날이 다가온다. 영원히 함께 살고 싶어도 그럴 수 없다. 지긋지긋해서 더 이상 살기 싫어도 진짜 그래야 하는 날이 다가온다. 막상 그날이 다가오면 후회만 된다. 다시 무르고 싶지만 그럴 수 없다. 다시 한번 기회를 주면 그렇게 살진 않을 것이라고 말하지만 이미 늦었다. 배우자가 곁에 있을 때 잘하며 살자.

말보다 행동으로
보여주라

말은 쉽다. 그러나 행동은 어렵다. 믿음이 말이라면 얼마나 좋겠는가? 그런데 믿음은 행동이다. 야고보는 행동으로 드러나지 않는 것은 죽은 믿음이라고 말한다. 이미 믿음이 아니라는 뜻이다. 그래서 믿음생활이 어렵다.

부모가 되기는 쉽다. 그러나 부모 노릇하기는 어렵다. 말로만 가르치라면 얼마든지 할 수 있는데 말로 되지 않는 게 교육이다. 우리 자녀들은 부모의 등 뒤에서 배우기 때문이다. 우리가 하는 모든 말과 행동, 일거수일투족을 모두 관찰하고 있다. 그래서 무섭다.

어느 날, 기자들이 아프리카의 성자라고 불리는 슈바이처 박사에게 물었다.

"성공적인 교육은 어떤 것입니까?"

그러자 슈바이처 박사는 이렇게 대답했다.

"첫째는 본보기요, 둘째도 본보기요, 셋째도 본보기이지요."

그렇다. 자녀들은 가르치는 대로 사는 것이 아니라 보는 대로 산다. 예수님은 제자들에게 나를 따르라고 말씀하셨다. 삶으로 얼마든지 보여주실 수 있었기 때문이다. 그런데 우리는 그렇지 못해서 안타깝다. 바울은 내가 예수 그리스도를 닮았으니 너희는 나를 본받으라고 자신 있게 말한다. 하지만 나는 목회자로서, 세 아이의 아빠로서 바울이 정말 부럽다. 이와 관련해서 빌리 그레이엄 목사는 이렇게 말한다. "아버지가 아들에게서 받는 최대의 찬사는 '나도 커서 아버지 같은 사람이 되고 싶어요'라는 말일 것이다."

어느 때부터인가 장인어른과 장모님의 몸이 많이 불편하시다고 했다. 더구나 장모님은 감기가 심하게 걸리신 모양이다. 아내는 먹을 것도 제대로 못해 드실 것 같아서 이것저것 음식을 준비한 후 장모님 댁을 찾았다. 처가에 갔다 온 아내가 속상해서 이런저런 말을 한다.

"감기에 걸리고 몸도 아프다고 하면서 집을 그렇게 춥게 해놓고 살아."

"우리도 연료비 때문에 온도를 낮춰놓고 살잖아. 우리가 용돈을 좀 더 드리지 못해서 그렇지 뭐."

"그래도 돈이 없는 것도 아닌데…. 우리 집보다 더 춥게 해놓고 살잖아."

"그러게 당신 정말 속상했겠다."

"내가 부모님한테 두 사람 중에 누가 먼저 죽으면 어떻게 할 거냐고 물었더니 아버지는 혼자 산다 그러고, 엄마는 겁이 많아서 혼자 못 산다고 하면서 김 목사하고 산다고 하더라. 김 목사가 편하고 좋대. 그래도 아버지가 죽고 나면 어떻게 하나를 많이 생각해 본 모양이야."

"그래? 그래도 감사하네. 아무리 그래도 딸이 좋아서 그렇지 사위가 좋겠어?"

사실 아내는 어린 시절 어머님에게 받은 상처가 있어서 의지적으로 잘해 드리려고 애쓰지만 정서적으로는 친밀감이 그리 크지 않다. 두 분의 연세가 들다 보니 죽음에 대해서 이런저런 생각을 해보게 된다. 그래서 아내는 처제에게 이렇게 말했단다.

"엄마가 먼저 죽으면 내가 아버지를 모실 테니, 아버지가 먼저 죽고 엄마가 남게 되면 네가 엄마를 모셔라. 엄마가 너를 많이 좋아하잖아."

아내는 2남 3녀 중 가운데이다. 장남은 일찍 하나님 나라로 갔고, 큰언니는 지방에서 생활한다. 아들이 하나 있지만 막내인지라 부모님의 노후에 대해서 별로 생각하지 않는 것 같다. 그래서 우리 부부는 가끔 장인 장모님의 노후에 대한 이런저런 대화를 나누곤 한다.

사실 본가의 어머님이 연세 드셔서 우리 집으로 모시려고 했지만 어머님이 한사코 거절하시는 바람에 모시지 못했다. 그러다 보니 우리 곁에 계신 장인 장모님에게 훗날 후회가 남지 않게 잘해 드리자는 게 우리 부부의 마음이다.

어느 날, 아내가 말했다.

"엄마가 몸이 안 좋아서 음식도 제대로 못 드시고, 힘이 없어 죽겠다고 하네."

음식도 제대로 못해 드셔서 기력 없는 어머님이 마음에 걸렸던 모양이다.

"엄마를 며칠이라도 여기에 와서 좀 지내게 하면 어떨까?"

아마 마음 편하게 한 말은 아닐 것이다.

"그러지 뭐. 어머님을 오시면 아버님도 혼자 계시기 힘드니까 함께 오시라고 그래."

부모를 공경하라는 말씀 때문에도 그렇지만 이렇게라도 해야 우리 부부의 마음도 편할 것 같고, 우리 아이들에게도 산교육이 될 것 같았다.

월요일, 쉬는 날이라 모시러 가려고 했더니 어머님이 아버님과

상의해보고 결정하겠다고 하셨다. 화요일이었다. 아내가 통화를 하니 아버님은 오지 않겠다 하시고, 어머님만 택시를 타고 오시겠다고 하셨단다. 나는 점심을 먹으러 들어가서 아내에게 말했다.

"힘도 없으신데 택시 타고 오시라고 하는 건 안 되겠다. 내가 5시쯤 갈 테니 준비하고 계시라고 해. 그래도 모시러 가는 게 좋겠어."

아내는 어머님이 좋아하실 만한 부드러운 음식으로 이것저것 준비해 두었다. 그런데 어머님은 조금밖에 드시지 못하셨다.

"어머님, 왜 이렇게 적게 드시는 거예요?"

"밥맛이 영 없어서 못 먹겠어."

늙어가는 게 이런 것이구나 하고 생각하니 가슴이 짠했다. 다음 날, 수요일 아침 이른 시간에 아버님에게서 전화가 왔다.

"혼자 있으니까 영 이상한 생각이 들고 안 되겠다. 엄마를 빨리 집으로 보내라."

아내에게 들으니 그 후에도 또 전화가 왔단다. 우리 집에 온 지 불과 이틀밖에 안 되었는데 허전하고 이상해서 눈물을 흘리신단다. 아내가 속상한 마음으로 내뱉었다.

"진작 정신 차리고 사이좋게 잘 살지…."

이분들도 우리 곁을 떠나는 날이 멀지 않겠지 생각하니 마음이 아리다.

금요일에 어머님이 댁으로 가시기로 했었다. 그런데 목요일인데 어머님이 갑자기 집으로 가시겠단다.

"왜, 내일까지 있다가 가지."

"아무래도 안 되겠다. 집에 가야 너희 아버지가 편할 것 같아."

결국 어머님은 점심 전에 집을 나서셨다. 집으로 모셔다 드리면서 나는 아버님께 웃으며 말했다.

"아버님, 왜 그렇게 독촉하세요. 내일 오시려고 했는데."

"아~ 우울증이 오려고 해서 안 되겠어."

앞으로 남은 세월, 서로 아껴주고 사랑하며 살았으면 좋겠다는 생각이 간절했다.

사랑한다는 것을 말로 표현해도 좋지만 행동으로 직접 보여줘야 한다. 사랑은 동사이다. 표현이고 행동이다. 그래야 상대방에게 느껴진다. 마음에 있는 생각을 행동으로 증명하며 살아가는 믿음, 믿음을 행동으로 옮기는 부부로 살아가면 좋겠다. 모두들 사랑한다고 하는데, 존경한다고 하는데, 소중하다고 하는데, 정작 그렇게 행동하는 사람들은 그리 많지 않다. 그래서 불행하다.

미래를
내다보며 살라

어느 중년 남자가 일주일 동안 해외출장을 갔다. 출장을 떠나면서 마음먹었다.

"아침 저녁으로 전화를 걸어서 아내에게 안부를 전해야지."

도착하자마자 아내에게 전화했다.

"여보, 나 잘 도착했어. 다시 연락할게."

이렇게 한마디 해놓고는 이래저래 일이 바쁘다 보니 전화를 한 번도 못 걸었다. 하루, 이틀 지나다가 이제 내일이면 돌아가게 되었다. 일주일이 지나니까 조금 미안한 마음이 들었다. 전화기를 손에 들고 이렇게 말하리라고 생각했다. '당신이 보고 싶었소. 여보, 당신을 사랑합니다.'

그런데 생각과는 달랐다. 수화기를 들고는 한 말이 "집에 아무 일도 없지? 애들은 다 잘 있고? 강아지도 잘 있고? 난초에 물은 줬지?"

그러자 아내가 울먹이며 말했다.

"당신, 해도 해도 너무한다!"

그리고 전화를 뚝 끊었다.

정말 그렇다. 마음대로 안 되는 게 세상이다. 부부가 행복하게 살아가는 것도 생각처럼 쉽지 않다. 그렇다고 안 될 것도 없다. 한 올 한 올 뜨다 보면 어느 덧 아름다운 수가 놓아지는 게 부부의 삶이다.

부부가 살다 보면 아픔도 있다. 생각하지 못한 상처로 힘들어하기도 한다. 그런데 불행한 과거를 잊지 못하면 행복한 동행을 할 수 없다. 불행 가운데 행복의 열쇠를 볼 수 있는 눈이 필요하다.

슬프고 어두운 과거에 얽매여 사는 부부가 있다. "예전에 당신이 어떻게 했는데!"라고 하며 서로의 마음을 아프게 한다. 사람은 실수할 수도 있다. 사랑하지만 서로 가슴 아프게 할 수도 있다. 그러나 그 어둠의 늪에 빠져 있어서는 안 된다. 새로운 삶을 맞이하기 위해서는 옛 삶을 청산하는 용기가 필요하다. 부부는 밝고 희망찬 미래만 내다보며 살아가야 한다.

유명 배우인 남편이 보복운전 혐의로 재판에 넘겨졌다. 남편은 말했다.

"상대차가 먼저 위협운전을 하고 막말을 퍼부어서 나도 화가 났어! 그러니 시시비비를 따져봐야 할 부분이 많아."

사실이야 법정에서 따질 문제이다. 이때 방송인으로 활동하고 있는 그의 아내는 말했다.

"인생의 모든 고비는 결국 하나하나가 보기 좋은 그림이 돼. 대부분 불편하고 힘들었던 순간들이 나중에는 보물같이 느껴지는 거야. 지금 이 순간을 감사하게 생각할게."

불편한 감정이야 왜 없겠는가? 그런데 아내는 다짐했다.

"감사한 마음으로 이번 고비도 잘 넘어서겠다."

그에게 사랑은 '오래 참고 기다리는 것'이란다.

부부가 살다 보면 외로이 우는 날도 있다. 밤잠을 이루지 못하고 억울한 감정을 삼켜야 할 때도 적지 않다. 아프고 힘들었던 시간도, 불편하고 짜증스러운 날들도 다 지나가는 법이다. 과거에 머물 필요는 없다. 현재만 바라볼 필요도 없다. 반드시 더 나은 내일이 기다리고 있다.

지금까지 살아온 삶이 어두운 터널일 수 있다. 그러나 지금은 환한 터널 밖을 달리고 있을 수도 있다. 그럴지라도 아직 터널이 사라진 건 아니다. 또 다른 터널이 다가올 수 있다. 그래도 너무 걱정할 필요는 없다. 어차피 인생은 밝은 미래를 내다보며 하루하루를 최선을 다해 경영해가는 것이다.

아무리 암울한 삶을 살아왔을지라도 부부에게는 아직 가보지 않은 미래가 남아 있다. 우리가 무엇을 바라보느냐에 따라 부부의 동행이 달라질 수 있다. 불가능 속에서도 가능은 존재한다. 불행이라는 먹구름 속에도 행복이라는 태양은 감춰져 있다. 과거의 어두운 먹구름에서 찬란한 태양을 볼 수 있어야 한다. 사람은 변한다. 환경도 변한다. 불행한 과거도 변하라고 있는 것이다. 부부가 변화를 위해 노력하면 된다. 아무리 힘들어도 과거나 현실에만 머물러 있지 말고 미래를 내다보며 새로운 기분으로 살아가면 족하다.

사랑의 묘약을
지으라

사랑은 허다한 허물을 덮는다. 사랑스러운 눈으로 보면 모든 게 예쁘다. 그런데 미움이라는 안경을 끼고 보면 모든 게 못마땅하다. 키가 큰 건 문제가 아니다. 그렇다고 키가 작은 것도 문제가 아니다. 눈이 크면 어떻고 작으면 어떤가? 사랑의 안경을 끼고 있느냐, 미움의 안경을 끼고 있느냐가 중요하다.

모든 인생의 묘약이 있다. 바로 사랑이다. 사랑의 묘약만 사용하면 허물도 문제가 아니다. 약함이나 결점도 사랑이라는 묘약은 다 치유할 수 있다. 사랑이신 하나님은 인간이 가진 모든 허물과 죄를 다 덮어버리지 않았는가? 그게 행복을 만든다.

시어머니에게 고된 시집살이를 당한 어느 며느리가 있었다. 사사건건 트집 잡는 시어머니가 죽도록 싫었다. 언제부터인가 시어머니 목소리만 들어도 경기를 일으킬 지경이 되었다. 너무 고통스러운 나머지 하루는 친구를 찾아갔다. 며느리는 시어머니를 욕하면서 난도질을 했다.

"시어머니가 빨리 죽었으면 더는 소원이 없겠어."

그러자 친구가 시어머니를 죽이는 비법을 전수해주었다. 밥과 함께 이것저것을 넣어 정성껏 달여 100일 동안 드려보라는 것이다. 비법을 전수받은 친구는 신이 났다. 아주 정성스럽게 비약을 준비해서 시어머니에게 가져다주었다. 그러자 고약한 시어머니는 속으로 생각했다.

'저게 도대체 무슨 수작을 부리는 거야?'

그러나 며느리는 개의치 않고 몇 달간 지극정성으로 비약을 끓여드렸다. 어느 사이 변함없는 며느리의 지극정성에 탄복한 시어머니의 생각이 바뀌었다.

'나는 그렇게 구박했는데 어찌 저렇게 지극정성을 보이는고?'

결국 시어머니는 며느리를 구박하는 마음을 바꾸어 사랑하기 시작했다. 그리고 동네방네 다니면서 입에 침이 마르도록 며느리 자랑을 했다.

꼴 보기 싫은 시어머니나 시누이들이 있는가? 심지어 남편도 실망스럽고 보기 싫은가? 때때로 자식도 원수처럼 생각되는가? 그렇다면 사랑이라는 보약을 사용해보길 권한다. 돈도 들이지 않으면서 전혀 후회하지 않을 보약이다.

어느 집사님 댁에 맏며느리가 들어왔다. 시아버지는 며느리를 너무나 예뻐했다. 그런데 그런 시아버지가 암에 걸리고 말았다. 이런저런 치료를 했지만 모두 소용없었다. 시아버지가 운명하기 전에 며느리가 병실을 들어섰다. 시어머니 되시는 권사님이 의식 없는 남편에게 말했다.

"여보, 당신이 그렇게 아끼던 며느리가 왔어요."

며느리는 시부모님과 함께 살고 있는데, 시아버지가 딸보다 더 예뻐하셨다고 한다. 생각해 보니 시아버지가 죽었는데 저렇게 구슬 같은 눈물을 흘리는 며느리를 아직까지 본 적이 없다.

시어머니들이여, 마음을 바꿔보라! "우리 아들 빼앗아간 나쁜 년!"에서 "너무 예쁜 딸 하나가 우리 집에 새로 들어왔어"라고. 며느리들이여, 마음을 사랑으로 바꿔보자. "시어머니 지겨워 죽겠어"에서 "세상에 우리 시어머니 같은 분은 없어"라고. "당신 부모님이나 당신 식구들은 잘한 게 뭐가 있어?"에서 "당신 부모님은 나에게 부모님이나 마찬가지야"라고.

어느 시어머니는 며느리가 너무 꼴 보기 싫었다. 며느리는 얼굴도 예뻤다. 대학을 간 사람들이 별로 없던 시절에 이화여자대학교를 나왔다. 목소리도 얼마나 여성스러운지 모른다. 그런데 며느리가 싫었다. 이유는 단 하나, 교회에 가는 것 때문이었다.

시어머니는 주일이면 새벽부터 자식들을 아들 집에 불러 모은다. 다분히 의도적이다. 며느리가 교회에 가지 못하도록 하기 위해 아침부터 북적거리는 것이다. 며느리는 아침을 해드리고 집을 나선다. 그러면 주일 예배에 늦기 일쑤였다. 집에서 나오는 순간부터 며느리의 눈에서는 눈물이 하염없이 흘러내렸다. 그 눈물은 시어머니가 70대가 되기까지였다.

그런데 시어머니가 70세가 되어서 예수님을 믿기 시작했다. 며느리와 함께 교회에 나오는 시어머니가 며느리 손을 꼭 붙잡고 말한다.

"우리 며느리가 교회에서 칭찬받고 앞에서 일하는 것을 보니 예뻐 죽겠어요."

혹시 당신 마음속에 미움이 자리 잡고 있는가? '제발 빨리 죽었으면 좋겠어'라는 생각이 드는가? 이제부터라도 죽이는 약을 버려라. 대신 사랑의 약으로 미운 사람을 변화시켜보라.

행복한 추억을
선물하라

살다 보면 생각하기조차 지긋지긋한 순간이 있다. '나에게 왜 이런 순간이 다가오는 거야!'라는 생각이 든다. 그러나 피할 수 없는 인생의 한 장면이다. 하지만 기억하는가? 그때 그 시절이 먼 훗날 아련한 추억으로 남는다는 사실을! 그 시절로 다시 돌아가기는 싫어도 그 시절의 추억을 거닐어보고 싶다는 것을!

가난하게 결혼생활을 시작한 어느 부부가 있었다. 두 사람은 결혼한 지 12년 만에 작은 집 한 채를 마련했다. 물론 성공한 친구들에 비하면 턱없이 초라한 보금자리였다. 하지만 이들 부부에게는 세상을 다 얻기라도 한 듯 가슴 벅찬 일이었다. 아내는 집안 구석구석을 쓸어내고 살림도구를 닦고 또 닦으며 밤늦도록 잠을 이루지 못했다. 너무나 기뻐하는 아내를 보며 남편도 흐뭇해서 물었다.

"당신, 집 장만한 게 그렇게도 좋아?"

아내는 활짝 웃으며 대답했다.

"그럼, 좋지! 얼마나 꿈에 그리던 일인데."

힘든 줄 모르게 하루가 지났다. 겨우 짐 정리를 마치고 자리에 누웠다. 그런데 남의 집 문간방 살이를 전전하던 시절의 일들이 주마등처럼 스쳐 지났다.

"여보, 그 집 생각나? 옛날에 살던 그 문간방."

"아, 생각나지."

"우리 거기에 한 번 가볼까?"

숟가락 하나 들고 신혼의 단꿈을 꾸던 그 가난한 날의 단칸방, 그곳은 아내의 기억 속에도 또렷하게 남아 있는 추억의 장소였다.

다음 날, 부부는 시장에 가서 얇고 따뜻한 이불 한 채를 사들고 신혼살림을 시작했던 달동네 문간방을 찾아갔다. 계단을 오르며 아내가 말했다.

"이렇게 높았었나?"

남편도 똑같은 말을 했다.

"그땐 높은 줄도 몰랐는데…."

부부가 그 옛집에 도착했을 때였다. 하늘엔 어둠이 내리고 손바닥 둘을 포갠 것만한 쪽방에선 오렌지색 불빛이 새어나오고 있었다. 기저귀가 펄럭이고 아이가 까르륵대는 집. 마치 시간을 거꾸로 거슬러 간 것만 같은 부부는 들고 간 이불을 문간방 툇마루에 슬며시 놓아두고 돌아섰다.

그날 문간방 젊은 새댁이 발견한 이불 보따리 속에는 이불보다 따뜻한 쪽지가 하나 들어 있었다.

"저희는 10년 전 이 방에 살았던 사람입니다. 아무리 추워도 집에 돌아와 이불을 덮으면 세상 그 어느 곳보다 따뜻했었지요."

달동네 계단을 내려오면서 부부는 서로 마주보며 웃었다. 옛집에 찾아와 얼굴도 모르는 이들에게 이불 한 채를 선물하고 내려가면서 부부는 새삼 깨달았다. 그 이불은 문간방 식구들의 시린 발보다 부부의 마음을 더 포근히 감싸주는 이불로 평생 남을 것이라는 사실을.

초라한 생활 때문에 한때는 많이 아팠다. 그래서 좀 더 풍족하게 만들어주지 못하는 못난 자신이 싫었다. 배우자에게 미안했다. 그러나 이제는 그 시절을 생각하며 미소 지을 수 있다. 이 미소를 아직은 모르고 있을 사람들에게 함께 나눠주고 싶었다. 그래서 그들도 행복한 훗날을 기약할 수 있도록 하고 싶었다. 이것이 행복한 부부가 걸어갈 인생길이다. 행복한 부부는 자신들이 만든 행복 레시피를 다른 사람들에게 유포하며 살아간다.

에필로그

    결혼한 지 며칠 안 되어 아내에게 상처를 주면서 시작한 결혼생활이 어느 덧 30년을 향해 달리고 있다. 언제 여기까지 왔나 싶을 때가 있다. 앞으로 함께 살 날이 얼마나 될까 생각해보니 그렇게 길지는 않다. 사실 함께 살아갈 날이라고 하지만 인생의 기운이 사라지는 황혼을 향해 가는 세월이다.

    그래도 생각해보면 빨리 철이 든 게 얼마나 다행스러운 일인지 모른다. 행복한 부부 동행의 비결을 일찍 깨달았기에 30년에 가까운 세월이 후회스럽지는 않다. 앞으로도 그렇게 살아갈 수 있을 것 같다. 아니, 더 멋진 황혼을 행복하게 동행할 것 같다.

    어느 주일 저녁부터 허리가 아프다고 한 아내는 다음 날 "한의원에 가서 치료를 좀 해야겠다"고 한다. 치료가 끝나고 큰딸 혜린이와 셋이서 부엉이 돈가스를 먹었다. 저녁 때 집에서 음식을 먹고 나는 아무 말 없이 주방으로 가서 설거지를 했다. 사실 집에서 설거지를 하면 아내가 물러서라고 한다. 밖에서 신경쓰는데 안에서라도 쉬라는 얘기겠지. 아니면 조금 해주고 잔소리를 늘어놓으니까 그런가?

하여튼 집에서 설거지를 하는 게 흔치 않다. 그런데 오늘은 아무 말이 없다. 화요일 저녁에도 역시 설거지를 했다. 아무 말 없이. 그저 자원해서. 설거지가 끝나갈 무렵이었다. 아내가 한마디했다.

"지금쯤 잔소리 나올 때가 되지 않았는가? 대충해 놔."

"아니야, 잔소리 안 하고 잘할 게."

설거지를 다 끝냈다. 잠시 후에 아내가 설거지 해놓은 것을 보더니 깜짝 놀라면서 말했다.

"이렇게 깔끔하게 뒷정리까지 한 거야?"

"그럼, 나도 하면 잘한다고."

다음 날인 수요일도 나는 설거지를 했다. 나는 거실 소파에 앉아 있는 아내를 보고 웃으며 말했다.

"잔소리 안 하고 잘할 게."

상대방을 보고 웃으며 일할 수 있는 여유가 생겼다. 불편한 감정을 다룰 수 있는 지혜도 생겼다. 유머로 일상을 웃고 넘어갈 수 있는 기술도 생겼다. 다행히 이 지혜와 기술을 남들보다 좀 더 빨리 깨닫고 습득했다. 그래서 나름대로 행복한 동행을 즐기고 있다.

그렇다고 우리 부부가 넘어야 할 언덕이 없는 건 아닐 것이다. 그래도 이미 많은 노하우를 축적해 놓은 상태이기에 두렵지 않다.

언젠가 호주에 워킹 홀리데이를 갔던 혜린이가 돌아오면서 선물을 이것저것 사왔다. 그 가운데 하나는 초콜릿 비스킷이었다. 나는 그것을 냉장고에 넣어두고 한 번에 한두 개씩 먹었다. 그럴 때마다 아내 눈치를 본다. 냉장고 문을 열면 아내가 눈을 부릅뜨고 말했다.

"또 초콜릿 먹는다. 어머님도 당뇨 갖고 계셨는데."

그러면 나는 웃으며 맞수를 뜬다.

"또 나온다, 저 잔소리!"

"그게 왜 잔소리야! 당신 건강 생각해서 하는 말인데."

"아이들도 다 그렇거든. 부모가 아이들에게 좋으라고 하는 얘기지. 그런데 아이들은 무조건 잔소리로 들어. 지금 당신도 그래."

남은 세월 이렇게 살아가리라. 잔소리도 웃고 즐기면서. 이런저런 대화거리를 함께 나누면서.

우리 주변에는 이렇게 말하는 사람들이 많다.

"바꿔봐야 그놈이 그놈인데 성가시게 뭘 바꿔!"

정말 그런지 잘 모르겠다. 같은 값이면 그놈이 그놈이라고 생각하지 말고 이 세상에 하나밖에 없는 내 사랑이라고 생각하며 살아가면 안 될까? 우리 부부는 29년의 세월을 동행하면서 '이 사람을 만나서…'라고 후회해 본 적이 없으니 잘 산 것 같다. 아직 자기 남편이 최고라고 생각하면서 존중해주니 그래도 괜찮게 살아온 부부라는 위안이 된다.

옛말에 "이 방 저 방이 좋다 해도 제 서방이 제일이고, 이 집 저 집이 좋다 해도 제 계집이 제일이라"는 말이 있다. 가족과 배우자, 이들은 때때로 귀찮게 여겨질지 몰라도 우리 인생에 너무나 소중한 존재이다. 다만 늘 가까이 있어서 그 귀함을 느끼지 못할 뿐이다. 이 책을 손에 드는 모든 이가 소중한 사람이 내 곁에 있을 때 더 사랑하고, 더 아껴주며 오순도순 행복하게 동행하길 소망한다.

특·별·수·록

—

행복한 가정을 위한
축복 기도문

행복한 가정을 위한 축복 기도문

"사랑하는 자여 네 영혼이 잘됨같이
네가 범사에 잘되고 강건하기를 내가 간구하노라"(요삼 1:2).

아담을 창조하시고 그의 갈비뼈를 취하여
동반자 하와를 창조하신 하나님,
우리에게 예수 안에 있는 아름다운 가정을
선물로 주셔서 감사합니다.
이 가정이 이 땅에 하나님의 뜻을 이루는
통로로 쓰임받는 복을 허락하소서.

그동안 더 아름다운 부부의 삶을 살아가고,
더 행복한 가정을 이룰 수 있음에도
나의 못난 자아와 육체적 소욕을 따르는 삶으로
주님이 원하시는 행복한 가정을 이루지 못함을 용서하소서.
이제부터는 성령의 소욕을 따라 행하는 성령의 사람이 되어
아름다운 삶의 열매들을 주렁주렁 맺어가게 하소서.

우리 가정은 사람들만 모여 있는 공간이 아니라
예수님이 주인 되시고
거룩하고 성결한 성령님이 충만하게 운행하시는
영적인 공동체가 되게 하소서.
온 가족이 예수 그리스도 안에 거함으로
영적인 연합을 이루게 하시고
복음의 말씀이 지배하는 신령한 공동체로서
이 땅에 주님의 나라를 이루는
하나님 나라의 아이콘이 되게 해주소서.

행복을 꿈꾸면서 출발했던 많은 부부가
깊은 상처만 남긴 채 서로 갈라지고
스위트 홈을 꿈꾸면서 꾸며온 가정들이
한순간에 깨지고 파탄 나고 있지만
주님이 우리 가정을 다스리심으로
이 땅에 천국의 모델 하우스가 되게 해주시길 소망합니다.

사랑하는 주님, 온 가족이 서로를 향해
힘찬 응원가를 불러주며 살게 해주시고
아픔과 상처가 난무한 세상 속에서
사랑하는 가족들로 인해 위로와 격려가 넘쳐나게 하소서.

서로의 아픔을 함께 공감하고 서로의 고통을 함께 져주며
내가 곁에 있음으로 웃을 수 있고 행복을 느끼고
힘을 얻을 수 있는 자가 되게 하소서.

우리 모두가 서로를 향해 힘을 불어넣고 용기를 불러일으키기보다
오히려 힘을 빼고 낙담 되게 하는 세상을 살아가고 있습니다.
그러나 가족의 품으로 돌아오면 마음의 안식을 누리고
속상했던 마음들이 싸매임을 받을 수 있는
사랑의 울타리로 만들 수 있는
성령의 지혜를 허락해주시길 원합니다.
그러기 위해 서로를 판단하고 정죄하기를 멈출 수 있게 하시고,
서로에게 악플을 멈추고 선플을 달며 살게 하소서.

사랑하는 주님, 우리 가족 모두가
서로에게 아름다운 댓글을 달아 살아갈 힘과
용기를 제조하는 가정이 되게 하소서.
매일의 삶 속에서 서로의 단점과 허물을 보지 않게 하시고
비록 서로의 연약함이 있을지라도
그것까지 품을 수 있는 넉넉한 마음을 허락하시며
나로 인해 더 아름다워지고 멋있어지는 삶을 살게 하소서.
예수 그리스도의 섬기는 마음을 부어주셔서

온 가족이 매일의 삶 속에서 서로의 발을 씻어주며 살게 하시고
서로에게 더 아름다운 내일과 미래를 만들어주며 살게 하소서.

항상 기뻐하고 쉬지 말고 기도하며
범사에 감사하는 삶을 살기를 원하시는 주님,
온 가족이 성령이 주시는 희락의 열매를 맺게 하시고
수시로 성령 안에서 기도하며 살게 하시고
모든 일에 감사의 문을 활짝 열어놓고 살게 하소서.

은혜로우신 주님,
온 가족이 서로를 행복하게 만들어주는
감사를 표현하며 살게 하시고,
오늘 살아 있음에 감사하고, 내 곁에 가족이 있음에 감사하고,
살아가야 할 내일을 꿈꿀 수 있음에 감사하며 살게 하소서.
온 가족의 영적질서가 혼돈되지 않고
우선순위가 역전되는 비정상의 삶을 살지 않게 하시고,
주님과의 관계가 바로 서 있어 영혼이 잘되고 범사가 잘 되며
주님이 주시는 강건한 삶을 누려가게 하소서.

길과 진리요 생명이신 예수님의 이름으로 기도드립니다. 아멘.

남편을 위한 축복 기도문

"아내들이여 자기 남편에게 복종하기를 주께 하듯 하라.
이는 남편이 아내의 머리 됨이 그리스도께서 교회의 머리 됨과
같음이니 그가 바로 몸의 구주시니라"(엡 5:22-23).

우리 부부를 한 몸으로 짝지어 주신 주님,

우리 부부가 살아온 날들을 돌이켜 볼 때 주님 앞에,

또 남편에게 죄송하고 미안한 마음이 많습니다.

주님처럼 사랑하지 못했고,

주께 하듯이 복종하지 못했음을 고백합니다.

탕자가 돌아왔을 때 책망하지 않고

용서하시고 부둥켜 안아주심같이

부족한 저를 용서해주실 줄 믿습니다.

교회의 머리 되신 주님께는 순종하고 복종하려는 마음을 가졌지만

주님이 한 몸으로 짝지어주신 남편에게는

그렇게 하지 못할 때가 많았음을 인정합니다.

늘 순종하고 복종하지 못하는 이유를 찾을 생각은 했지만

주님의 명령을 따라 순종하려는 마음과 의지는 약했습니다.
우리 부부가 행복하지 못한 원인이 있다면
저의 불순종의 마음임을 고백합니다.

주님은 늘 부족하고 연약한 저를 있는 모습 그대로 받아주셨건만
저는 남편을 있는 그대로 받아주기보다
늘 더 나은 남편이 되길 다그치며 사느라
불만족의 그늘 아래 살았습니다.
나에게도 단점과 허물이 많음에도
남편의 약점과 단점과 허물을 받아들이는 데 매우 인색했습니다.
그러다 보니 내 안에 표출된 분노의 감정뿐만 아니라
표출하지는 않았지만 내면의 세계에 축적해 둔
불만과 원망의 감정도 있음을 고백합니다.
사랑하는 주님,
이제 그 늪에서 해방되는 은혜를 허락하소서.

주님은 저를 다른 사람들과 비교하지 않고
저의 존재 자체를 존중해 주셨는데
저는 남편을 자꾸 비교하려고 했음을 고백합니다.
남편이 저를 다른 사람과 비교할 때 많은 상처를 받기도 했고
그것 때문에 얼굴을 붉히기도 했지만

남편이 받을 아픔과 상처는 헤아리지 못했음을 고백합니다.
저에게 허락하신 남편이 이 세상에서 나에게 최적의 배우자임을
인정하고 감사하며 살게 하소서.
남편의 부족함과 연약함이 내가 채워야 할 남은 부분임을 알고
남편을 잘 내조할 수 있는 현숙한 아내가 되게 하소서.

은혜로우신 주님,
제가 우리 가정을 더 세심하게 돌보고 살핌으로
남편이 퇴근해서 푹 쉬고 안식할 수 있는
안식처를 만드는 지혜를 주시고
밖에서 복잡하고 지쳐 있는 몸과 마음을 충전할 수 있는
포근한 가정을 만들 수 있게 하소서.
남편이 고민하고 있는 것을 함께 나누고,
아무도 이해하고 알아주지 않더라도
제가 남편을 위해 힘차게 응원가를 불러주고
뜨거운 박수를 보내게 하소서.
그래서 남편이 어깨를 활짝 펴고
입가에 미소를 짓는 모습을 보게 해주소서.

우리에게 안식과 평화를 주시기를 기뻐하시는 주님,
제 남편의 마음과 영혼이 고요하고 평온한 호수가 되게 하시고,

때때로 갈릴리 바다처럼 광풍이 일어나 물결이 요동칠지라도
시냇가에 뿌리를 둔 나무처럼 주님을 향한 깊은 신뢰의 믿음으로
흔들리지 않고 평온한 마음으로 현실을 헤쳐 나가게 해주소서.

환상적인 조화와 하나 됨을 이루시는 삼위 하나님,
어둠이 틈타고, 사탄이 우글거리는 세상 속에서도
남편으로 하여금 지혜로운 마음을 주시고
분별하는 영을 충만히 부어주셔서 상황 파악을 잘하게 하시고,
어려운 문제들을 지혜롭게 헤쳐가게 하소서.
주변에 함께 일하는 모든 사람을 경쟁자로 보지 않고
동행자로 생각하며 아름답고 행복한 관계를 잘 맺어가게 해주소서.
남편에게 늘 활짝 열린 마음으로
주변 사람들과 원만하게 소통하는 능력을 주시고,
작은 일에 매여 더 중요하고 큰일을 그르치는 일이 없게 해주소서.

제 남편을 더 강건하고 멋진 사람으로 능히 만드시는
예수님의 이름으로 기도드립니다. 아멘.

아내를 위한 축복 기도문

"남편들아 이와 같이 지식을 따라 너희 아내와 동거하고 그를 더
연약한 그릇이요 또 생명의 은혜를 함께 이어받을 자로 알아 귀히
여기라. 이는 너희 기도가 막히지 아니하게 하려 함이라"(벧전 3:7).

아름답고 귀한 아내를 동행자로 허락하신 주님,

세월이 흐르고 상황이 변해도

늘 변함없이 우리를 사랑하시고 동행해주신 주님,

우리 부부가 주님의 은총 안에서

한 몸으로 여기까지 오게 하심을 감사합니다.

때때로 나의 고집과 완고함이 아내의 마음을 아프게 했고,

나의 완악함과 무지함이

아내의 행복을 깨뜨린 적이 많았음을 고백합니다.

무한한 사랑으로 한순간도 저를 버리지 않으신

주님이 저를 용서하시고, 주님이 오시는 날까지,

우리 부부 중 한 사람이 주님 앞에 가는 그날까지

아름답고 행복한 동행을 잘 지켜나가게 해주소서.

사랑하는 주님, 저에게 좀 더 섬세한 감수성을 허락하셔서
아내의 마음을 잘 느끼고 공감할 수 있게 하시고,
아내의 필요를 알고 채워주며 살게 해주소서.
아내의 마음에 외로움과 공허감이 싹트지 않도록
정시적인 필요를 채워주게 하시고,
채워지지 않은 영혼의 결핍으로 흔들리지 않도록
영적인 충전을 위한 아름다운 동반자가 되게 해주소서.

날마다, 해마다 제가 성장하고 성숙해감으로
가정의 제사장의 기능을 넉넉하게 감당하게 하시고
원망과 다툼을 일으키기보다
두 손을 하나님께 들고 기도하는 제사장이 되게 해주소서.

자비로우신 주님,
아내에 대한 더 많은 지식과 더 깊은 이해심을 갖게 하시고,
더 연약한 그릇인 줄 알고 세심하게 돌아보게 하시며,
다치지 않고 상처주지 않게 배려하는 마음을 주소서.
여성의 심리를 잘 이해하고
드러나지 않은 아내의 속마음도 잘 헤아리는
섬세함을 갖게 하소서.

은혜로우신 주님,

스승이신 주님은 허리에 수건을 두르시고

제자들의 발 앞에 무릎 꿇고 더러운 발을 씻기셨는데

저는 아내를 섬기는 데 게을렀습니다.

무엇인가 해달라고 요청하는데도 무시하고

거절한 때도 있었습니다.

요청에 응하더라도 기쁜 마음으로 섬기지 못했음을 고백합니다.

저에게 예수님의 섬김의 마음과 영을 부어주셔서

아내를 기쁜 마음으로 섬기는 좋은 남편이 되게 해주소서.

십자가에 죽기까지 충성하신 주님,

저에게도 아내에게 좀 더 집중하게 하시고,

좀 더 신실하게 하시며,

남편으로서 해야 할 몫을 잘 감당하여 믿음을 심어주고,

가장으로서의 책임에 더 충실한 삶을 살게 해주소서.

작은 일도 잘 배려해주고

아내에게 버거운 일들을 찾아서 도와주며 살아가길 소망합니다.

우리의 기도에 귀를 기울이고 응답하시는 주님,

힘들수록 약속의 말씀을 붙잡고 더 뭉치는 부부가 되게 하시고

답답할수록 은혜의 보좌 앞으로 달려가는

기도의 영성을 부어주시며
실망하지 않고 주님의 뜻을 따라
수시로 기도하는 깊은 영성을 주소서.
이해가 안 되는 때가 있더라도
사랑과 신뢰로 서로 용납하며 살게 하시고,
도와주지 않는다고 불평하기보다
아내를 섬기는 성숙함을 갖게 하시며
배우자의 마음과 감정을 잘 헤아려
공감할 줄 아는 남편이 되게 해주소서.
힘들 때 위로하고, 버거울 때 격려하고,
어깨가 처질 때 응원의 박수를 힘껏 보내는
서포터가 되게 해주소서.

사랑해도 부족한 시간인데 서로 미움으로 낭비하지 않고
지금보다 세월이 흐를수록 사랑의 농도가 더 진해지는
부부가 되게 하실 예수님의 이름으로 기도드립니다. 아멘.

자녀를 위한 축복 기도문

"또 아비들아 너희 자녀를 노엽게 하지 말고
오직 주의 교훈과 훈계로 양육하라"(엡 6:4).

우리 부부에게 이렇게 소중한 자녀를 허락하신 주님,

지금까지 주님의 마음으로 자녀를 양육하고 돌볼 수 있는

은혜를 주신 것을 감사드립니다.

자녀를 노엽게 하지 말라고 하셨는데,

때때로 자녀를 노엽게 하고 상처주었음을 고백합니다.

주의 교훈과 훈계로 양육하라고 하셨지만 영적인 교육보다

학교 교육과 세상 교육에 더 치중한 죄를 용서해주소서.

사랑하는 주님,

인생이 만남에 의해 운명이 갈라지는데

우리 아이들이 세상을 살아가는 동안

좋은 만남을 허락해주시길 원합니다.

좋은 선생님을 만나게 하시고

좋은 선배를 만나게 하시고
좋은 교역자를 만나게 하시며
좋은 배우자를 만나는 은혜를 허락해주소서.
지혜로운 자와 동행하면 지혜를 얻고
미련한 자와 사귀면 해를 받느니라고 말씀하셨는데
동행자를 잘 분별하는 지혜를 주소서.
노를 품는 자와 사귀지 말며
울분한 자와 동행하지 말라고 말씀하셨으니
그들로 인해 그릇된 길을 선택하는 어리석음이 없게 하소서.

거룩하신 주님,
우리 아이들이 이 세상에 물들지 않고
하나님의 사람으로 거룩하고 성결한 삶을 살게 하시고
세상적인 기류와 풍조에 휘말리지 않고
어둠을 밝히는 영적 리더십을 갖게 하소서.
수시로 다가오는 어둠의 영들의 유혹에
넘어지지 않는 지혜를 주시고
요셉처럼 유혹을 과감하게 뿌리치는 영적 강인함을 주소서.
사람들의 눈을 의식하는 데 그치지 않고
보이지 않는 하나님의 눈을 의식하며
코람데오의 신앙으로 살게 하소서.

우리 자녀가 살아가야 할 세상이 결코 만만치 않지만
예수님의 말씀대로 비둘기같이 순결함으로,
뱀같이 지혜로움으로 세상을 이겨나가게 하시고
다른 사람과 경쟁하고 비교하며 살기보다
자기 자신과 경쟁하고 자신의 과거와 비교하며 살게 하소서.
오늘보다 더 나은 내일을 꿈꾸며 살게 하시고
하나님이 주신 재능과 은사를 극대화하여
하나님 나라의 기둥 같은 일꾼으로 쓰임받게 하소서.

비록 현실이 어렵고 살아내야 할 세상이 험악하지만
결코 세상을 탓하고 환경을 탓하며 살지 않게 하시고
주어진 현실에 감사하며
자신을 개발하고 성장하는 데 주력하게 하소서.
금수저나 은수저가 아니어도 주님이 주시는 지혜를 구하게 하시고
하나님이 주시는 능력으로 세상을 이기는 승리자가 되게 하소서.
작은 일을 무시하지 않는 디테일을 주시고
때로는 작은 일에 매이지 않는 대범함을 갖고 살게 하소서.
자신만 생각하는 옹졸함을 버리고 이해하고 포용하는 넓은 마음,
넓은 그릇을 준비하게 하소서.
수단과 방법을 가리지 않고 자신의 목적을 이루려는
이기적인 사람이 되지 않게 하시고,

목적을 이루되 정당하고 정도를 저버리지 않는
이타적인 사람으로 성장하게 하소서.

은혜로우신 주님,
우리 자녀가 앞날을 바라보며 늘 준비하는 삶을 살게 하시고
오늘보다 내일이 더 아름다운 인생을 설계하며 살게 하소서.
자신의 욕망을 채우기 위한 성공을 꿈꾸기보다
큰 나무가 되어 사람들에게 그늘을 만들어주는 사람이 되게 하소서.
거룩하고 깨끗한 삶을 살아가게 하시되
자신의 눈에 있는 들보는 보지 못하고
남의 눈에 있는 티를 보며 판단하거나 정죄하며 살지 않게 하소서.
결핍과 모자람을 불평하고 원망하기보다
그것을 채울 수 있는 은혜로우신 주님을 찾게 하시고
험악한 세상을 탄식하기보다
자신을 능하게 하실 수 있는 하나님께로 나아가
도움을 청하는 자녀가 되게 하소서.

에스더처럼 용감하고, 마리아처럼 순결하며,
다니엘처럼 결단력 있는 하나님의 사람으로 만들어가실
예수 그리스도의 이름으로 기도드립니다. 아멘.

부모를 위한 축복 기도문

"자녀들아 주 안에서 너희 부모에게 순종하라.
이것이 옳으니라"(엡 6:1).

육신으로 계실 때 육신의 부모에게 순종함의 본을 보이신 주님,
하나님께서 저에게 하나님의 대리자로 부모님을 보내주셨는데
실제의 삶에서는 그런 믿음으로
부모님을 대하지 못한 죄를 용서하소서.
주 안에서 부모님을 공경하고 순종하라고 하셨는데
부모님을 공경하는 마음이 결핍되고
순종하는 마음이 부족했음을 고백합니다.

주님, 저에게 더 깊고 풍성한 하나님의 마음을 부어주셔서
부모님의 마음을 헤아려 드리고
나의 필요보다 부모님의 필요를 살피고 채워주며 살아가게 하소서.
내 생각에만 집중하지 않고 부모님의 생각을 고려해 드리고
주님의 말씀에 어긋나지 않는다면

기꺼이 순종하며 살아가게 하소서.

저를 위해 자신을 아끼지 않고 헌신하고 희생하신 부모님이

지금까지 제 곁에 계시게 해주셔서 진심으로 감사드립니다.

하루하루 기쁨과 행복이 가득한 삶을 살아가게 하시고

남은 생애가 주님의 날개 아래 평온하고 강건한 삶이 되게 하소서.

사랑이 풍성하신 주님,

제 부모님의 있는 모습 그대로를 인정하고

존중하는 넓은 마음을 주소서.

때로는 저에 대한 과도한 기대가 부담스러웠지만

그것도 저를 향한 사랑임을 인정합니다.

저를 향해 지나치다 싶을 정도로 잔소리할지라도

꼰대라고 치부하기보다

저를 향한 기대가 크심으로 받아들이게 하소서.

때로는 관심과 사랑이 없는 것처럼 생각되는 무관심을 보일지라도

저에게 자유를 주시는 부모님의 배려임을 알게 하소서.

수고하고 무거운 짐 진 자들에게

다 내게로 오라고 초청하신 주님,

험악한 세월을 살아오신 부모님의 남은 생애에

복을 내려주셔서 참된 안식과 쉼을 누리게 하시고

고달픈 하루하루일지라도

하늘에서 내려오는 새 힘과 능력을 공급해주소서.

현재의 고난은 잠시 잠깐이지만

장차 다가올 영원한 영광을 바라보며

오늘을 참아내는 능력을 주소서.

흐르는 세월 속에 겉사람은 후패할지라도 속사람은 강건해지고

겉사람을 단장하기보다 속사람을 아름답게 단장하여

주님이 기뻐하는 삶을 살게 하소서.

나그네 인생길을 걸어가는 동안 성령의 세미한 음성을 듣고

성령의 소욕을 따라 행함으로 아름다운 열매를 맺어가게 하소서.

알파와 오메가가 되시는 주님,

우리 부모님의 삶에 복을 내려주시되

두 분이 더 많은 시간 동안 행복한 동행을 하게 하시고

한 분이 주님 앞으로 가는 그날까지 서로 아껴주고

소중히 여기며 아름다운 동행자가 되게 하소서.

지금까지 살아왔던 삶도 아름다웠지만

남은 생애가 더 아름답고 가치 있는 삶을 살게 하소서.

사랑하는 주님,

우리 부모님들에게 이 땅의 삶을 넘어

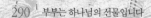

영원한 세계를 준비하게 하시고
육신의 만족보다 영혼의 만족을 추구하며 살게 하소서.
예배를 통해 하나님의 임재와 영광을 경험하게 하시고
강단에서 선포되는 말씀을 통해 큰 은혜를 누리며 살게 하시고
주변에 만나는 사람들에게
인생의 보배이신 예수 그리스도를 전하며 살게 하소서.
하루하루의 삶 속에 임재하시는 성령의 만지심 속에 살게 하시고
어떤 상황과 사건 속에서도 주님의 마음을 따라 살게 해주소서.

은혜로우신 주님,
간구하기는 부모님으로 하여금 육신이 병들고 연약하여
병상에 눕지 않게 하시고
마음이 쇠하여 낙심하지 않게 하시며
영혼이 결핍되어 주님과의 거리에 괴리가 생기지 않게 하소서.

보이는 세계만 보며 사는 영적인 맹인이 아니라
보이지 않는 세계를 바라보며 살아가는 영성 깊은 삶을 살게 하실
예수님의 이름으로 기도드립니다. 아멘.

가정 경제를 위한 기도문

"그러나 자족하는 마음이 있으면 경건은 큰 이익이 되느니라.
우리가 세상에 아무것도 가지고 온 것이 없으매 또한 아무것도
가지고 가지 못하리니 우리가 먹을 것과 입을 것이 있은즉
족한 줄로 알 것이니라"(딤전 6:6-8).

천지만물의 주인이 되신 하나님 아버지,

온 세상을 창조하시고 세상을 하나님의 대리자로 통치할 수 있는

특권을 허락하심을 감사합니다.

우리 가정에 일용할 양식을 허락하시고

선한 목자이신 주님이 우리 가정을 인도해 주셨는데

주님의 뜻대로 온전하게 서지 못함을 용서하소서.

하나님과 재물, 두 주인을 섬길 수 없다고 말씀하신 주님,

우리 가정이 올바른 경제관을 갖게 하시고

세속적인 물질관에 찌들어 살지 않게 하소서.

모든 것이 주님의 소유임을 인정합니다.

재물을 얻을 수 있는 능력도 하나님으로부터 내려옴을 인정합니다.

주님이 주신 재물을 섬기는 물질의 노예로 살지 않게 하시고

재물을 누리며 살뿐만 아니라
이 땅에 재물을 쌓기보다 하늘에 쌓으며 살아가게 하소서.
맘몬 신에게 우리의 마음과 관심을 빼앗기지 않게 하시고
부정한 재물에 눈이 어두워지지 않게 하시며
정당한 방법으로 돈을 벌고,
주님이 주신 물질을 하나님이 기뻐하시는 선한 일에 사용하도록
부한 삶을 살아가게 하소서.

이스라엘 백성들이 광야를 거닐 때
하늘에서 만나와 메추라기를 내려주신 하나님 아버지,
만나에 인간의 욕심이 발동되어 썩게 만드는 일이 없게 하시고
일용할 양식 자체로 자족하는 마음을 허락하소서.
세상에 나올 때 빈손으로 왔던 인생입니다.
세상을 떠날 때도 빈손으로 갈 수밖에 없습니다.
그런데 살아가는 동안 그럴싸한 변명거리를 둘러대지만
우리 마음이 돈에 대한 탐심으로 불탈 때가 많음을 인정합니다.
성경은 탐심이 우상 숭배라고 말씀하지만
우리는 마음을 지키지 못할 때가 많습니다.
있는 것을 족하게 여기며 살게 하시고
없는 것 때문에 불평불만 하는 어리석은 삶을 살지 않게 하소서.

온 세상 모든 재물의 주인이 되신 주님,
온 가족이 게으르지 않고
부지런하고 성실하게 일하며 살게 하시고
수고한 것이 헛되지 않고
풍성한 열매로 보상받는 삶을 살게 하소서.
우리 손으로 경영하는 사업에 복을 내려주시고
직장에서 성실하게 일함으로 사람들에게 인정받고
행복한 직장생활을 누리게 하소서.
하는 일손에 복을 주시어
가정 경제에 어려움이 없도록 복을 내려주소서.
사람이 하는 수고도 중요하지만
하나님이 채우시는 은총이 더 필요합니다.
재해나 불의한 일들을 통해 재물이 새지 않도록
우리 가정의 창고를 지켜주시길 원합니다.

지혜로우신 주님,
온 가족이 가정 경제 규모를 지혜롭게 설계하고
지혜롭게 운용할 수 있게 하시며
하나님이 주신 재물을 주님의 선한 뜻을 이루는 데 투자하는
지혜를 주시길 원합니다.
하나님이 주신 물질을 부정하고 악하거나

주님이 기뻐하시지 않는 일에
사용하지 않는 지혜로운 영성을 허락하시고
물질의 사용을 통해 하나님께 영광을 돌리게 하소서.
돈으로 인해 가족 안에 불화와 갈등이 일어나지 않게 하시고
네 돈, 내 돈을 구별하지 않고
재정적인 면에서도 한 몸을 이루게 하소서.
재정을 지혜롭게 관리할 수 있는 사람이 관리하게 하시고
그것이 불평과 갈등을 가져오지 않게 하소서.

우리 인생의 주인이 되시는 주님,
우리 가정이 무엇을 먹을까 무엇을 마실까
무엇을 입을까를 고민하고 염려하기 전에
먼저 그의 나라와 그의 의를 추구하는
우선순위가 분명한 가정이 되게 하시고
우리의 머리카락까지 세시고
공중의 새와 들판의 들꽃도 세심하게 돌보시는
하늘 아버지에게 모든 염려를 맡기고
살아가는 가정이 되게 하시길
예수님의 이름으로 기도드립니다. 아멘.

Prayer_7

가족 건강을 위한 기도문

"이제부터는 물만 마시지 말고 네 위장과
자주 나는 병을 위하여는 포도주를 조금씩 쓰라"(딤전 5:23).

인간을 만드시고 보시기에 심히 좋았더라고

감탄하신 하나님 아버지,

우리에게 생명을 주시고 건강한 삶을 살아갈 수 있도록

은혜를 베풀어주셔서 감사합니다.

하나님의 성령이 거하시는 성령의 전인 우리의 몸인데,

하나님을 기쁘시게 하는 거룩한 성전으로

내드리지 못한 불충을 용서하소서.

하나님은 아담과 하와를 만드시고

에덴동산에서 아름답고 즐겁고 행복한 교제를 나누길 원하셨지만

아담의 범죄로 그 아름다운 동행과 교제가 깨지고 말았습니다.

그 흉악한 죄의 참상 가운데 하나가

육체의 부조화와 질병임을 고백합니다.

사랑하는 주님,

주님이 주신 거룩한 성전을 잘 관리하는

지혜로움과 섬세함을 주셔서

우리 몸을 하나님 영광을 위한 도구로 사용하게 하소서.

하나님이 건강을 주셔서

하나님께 나아와 예배하는 데 어려움이 없게 하시고

하나님이 기뻐하는 일을 위해 잘 섬길 수 있게 하소서.

주님이 주신 몸으로 악한 일에 사용하지 않고

불의한 일에 사용하지 않게 하시며

주님의 뜻을 이루는 데만 사용하게 하소서.

온 가족에게 질병이 찾아오지 않도록

하늘 아버지께서 지키시고 돌봐주시길 원합니다.

우리가 죄를 범함으로 질병의 징계를 초래하지 않게 하시고

혹시나 징계로 육신의 질병이 찾아올 때 민감한 영성을 주셔서

깨닫고 돌이켜 건강을 회복하며 살게 하소서.

은혜로우신 주님,

인간이 아무리 애를 쓰고 노력해도

우리 몸의 건강을 지키는 데 한계가 있음을 고백합니다.

든든히 선 그때도 하루아침에 무너질 수 있는 것이 인간사인데

우리의 건강도 그렇습니다.

건강하다고 장담하던 자들이 하루아침에 쓰러지고
무너지는 일들을 흔히 볼 수 있는데
자만하지 않고 늘 겸손하게 하나님의 은혜를 구하는
겸손한 믿음을 허락하소서.

사랑하는 주님,
온 가족이 건강을 지키기 위해 스스로 절제하는 능력을 주시고
자신의 건강을 지키기 위해 유익하지 않은 음식을 금하게 하시며
술과 담배로 자신의 건강을 해치지 않는 결단력도 허락하소서.
건강한 식습관을 갖게 하시고
건강을 위한 웰빙 식단과 식탁을 만들 수 있게 하시며
나의 건강이 가족의 행복임을 잊지 않게 하소서.
온 가족 모두 자신의 건강을 잘 관리하기 위해
규칙적인 생활을 하게 하시고
각자에게 적합한 방법의 운동의 계획을 수립할 수 있게 하소서.
한 사람에게 찾아온 질병으로
온 가족의 생활 리듬이 깨어질 때가 많습니다.
그렇기에 온 가족 모두 자신의 건강을 지키려는
나름대로의 계획을 세우고 실천하게 하소서.

히스기야가 죽을 병에 걸렸을 때

벽을 향하고 눈물로 기도할 때 응답하신 하나님 아버지,
때때로 육신의 질병이 찾아올 때 주저하지 않고
히스기야 왕처럼 하나님의 도우심과 치유와 회복을 구하는
은혜의 보좌 앞으로 나아가는 믿음을 주시고
절박함으로 간구할 때 하나님이 속히 응답해주시길 원합니다.
병에 걸리지 않을 수는 없지만
어려운 때 하나님께 기도하여
치유를 통한 간증을 경험하는 가정이 되게 하소서.

솔로몬은 심령의 근심이 뼈를 마르게 한다고 고백했습니다.
"마음의 즐거움은 양약이라도
심령의 근심은 뼈를 마르게 하느니라"(잠 17:22).
근심과 염려를 미리 가불하며 살지 않게 하시고
주님이 마음과 생각을 지켜주셔서
마음의 병에 걸리지 않게 하시며
마음의 병으로 육신의 질병을 갖지 않게 하소서.

상처 입은 치유자 예수님의 이름으로 기도드립니다. 아멘.

가정 구원을 위한 기도문

"사랑하는 자들아 거류민과 나그네 같은 너희를 권하노니
영혼을 거슬러 싸우는 육체의 정욕을 제어하라. 너희가
이방인 중에서 행실을 선하게 가져 너희를 악행한다고
비방하는 자들로 하여금 너희 선한 일을 보고 오시는 날에
하나님께 영광을 돌리게 하려 함이라"(벧전 2:11-12).

허물과 죄로 죽었던 우리를 살리기 위해

독생자 예수 그리스도를 인간의 몸을 입고 세상에 보내시고

십자가에 대속제물로 죽게 하신 하나님 아버지,

그 놀라운 은혜와 사랑을 받고 있건만

주님이 기뻐하는 삶을 살지 못했음을 고백합니다.

날마다 구원받은 하나님의 사람으로 세워져 갈 수 있게 하시고

하나님의 영광을 드러내며 살아가게 하소서.

은혜를 베푸시고 구원을 베푸시는 날을 주시길 기뻐하시는 주님,

우리 가정에 믿지 않는 가족들을 불쌍히 여기시고

주님을 영접하고 영원한 생명을 바라보며 살아가게 하소서.

보이는 세계만 보고 세상이나 세상에 있는 것에

마음을 빼앗긴 채 살아가는 그들에게 영적인 눈을 뜨게 하셔서

보이지 않는 영원한 세계를 바라보며 살아갈 수 있게 하소서.

사랑하는 주님,
온 가족이 이 땅을 거룩한 나그네로 살아감을 깨닫게 하시고
잠시 잠깐 누리는 세상에 심취하여
짧은 인생을 허비하며 살지 않게 하소서.
영적인 눈이 어두워 지나가는 것을
영원한 것으로 착각하지 않게 하시고
더 궁극적이고 영원한 것에 마음을 두며 살게 하소서.

알파와 오메가, 처음과 끝이 되신 주님,
우리 가족으로 하여금 육신의 장막만 바라보는 것이 아니라
손으로 짓지 아니한,
하나님께서 지으신 하늘에 있는 장막을 바라보고
갈망하는 믿음을 주시고
먹을 것과 마실 것과 입을 것에 목맨 인생이 아니라
더 궁극적이고 영원한 세계를 바라보며 살게 하소서.
예수 안에 있는 차원이 다른 삶의 세계를 바라보는
영적 안목을 허락하소서.

아직까지 하나님을 향해 마음 문을 열지 않고

흑암 속에 갇혀 살아가는 가족들의 구원을 위해
아름다운 삶과 행위를 통해 본을 보이고 감동을 주며 살게 하시고
선한 삶의 행실로 감동을 주기 위해
먼저 마음의 변화를 받고
빈 마음에 하나님의 은혜로 채워지게 하소서.
내가 행하는 선한 행실을 보면서
믿지 않는 가족들의 마음이 열려서 움직이게 하시고
그 언젠가 "함께 교회에 가볼까?"라는 고백이 나오게 하소서.
그날이 오기까지 더 참게 하시고 더 베풀게 하시며
더 선한 행실을 보여주며 살길 원합니다.

사랑하는 주님,
인간이 누리고 있는 모든 것이
주님으로부터 옴을 잊지 않게 하시고
모든 것의 주인이 되시는 주님이
온 가족에게 피부로 다가올 수 있도록
축복의 문을 열어주시길 원합니다.
이삭이 블레셋 땅으로 갔을 때
이삭이 농사할 때 100배의 복을 주셨고
블레셋 사람들에게 불의한 일을 당하면서도
다투지 않고 양보했지만

하나님은 가는 곳마다 우물에서 샘이 솟게 하셨습니다.
하나님을 경외하고 섬기고
기도하는 삶을 살기를 원하는 부족한 종을 긍휼히 여기셔서
이런 하나님을 삶으로 보여줄 수 있게 하소서.

이 세상 끝날까지 함께하시겠다고 약속하신 주님,
요셉이 애굽의 종으로 팔려가
믿지 않는 보디발의 가정에서
하나님이 함께하심을 보여주신 것처럼
저로 하여금 삶 속에서 하나님의 임재,
하나님이 함께하시는 삶을 보여주는
진정한 영성의 사람이 되게 하소서.
다른 것이 형통이 아니라 하나님이 함께하는 삶 자체가
최고의 축복이요 형통임을 가슴 깊숙이 간직하며 살게 하소서.

은혜로우신 하나님 아버지,
가족들이 오래도록 방황하지 않게 하시고
어떤 상황, 어떤 사람을 통해서라도
구원의 문이 빨리 열리길 소원하오며
길이요 진리요 생명이신 예수님의 이름으로 기도드립니다. 아멘.